물류센터 설계 및 운영

조규성 · 배석태 · 변희준 공저

홍릉과학출판사

머리말

화물의 수송에서 보관, 하역 및 포장과 정보처리, 유통가공 등의 제 기능을 일부 또는 전부를 효율적으로 수행하기 위한 공간적인 거점을 화물터미널, 물류창고, 냉동냉장창고, 물류센터, 배송센터, 크로스독, 유통센터 등으로 불러지고 이러한 기능을 모두 총칭하여 큰 의미로 물류센터로 불린다.

오늘날 물류센터는 제품의 생산자 및 화주로부터 다양한 화물을 공급받아 중간 또는 최종 고객에게 물류기능과 유통기능 뿐만 아니라 다양한 정보를 제공하는 물류의 중간기지 또는 전지기지라고 말할 수 있다. 이러한 물류센터는 단순히 화물을 보관하는 물류창고나 집·배송을 수행하는 배송센터의 기능을 넘어서 이제는 화물의 총괄적인 업무를 수행할 수 있는 공급사슬관리면에서 매우 중요한 역할을 수행하고 있다.

경제가 발전됨에 따라 필연적으로 물류산업은 날로 증대되고 있고 이로 인해 물류센터도 국내에서 뿐만 아니라 해외에서도 지속적으로 관련 시설의 확충이 이루고 지고 있다. 물류와 유통규모의 대형화로 인해 투자비가 막대하게 소요되기 때문에 건설단계에서부터 그 운영단계에 이르기까지 고도의 논리성으로 접근하지 않고서는 효율적인 물류센터를 운영할 수 없는 상황에 이르게 되었다.

따라서 물류센터가 보다 경쟁력을 확보하기 위해서는 건설과 운영단계에서 체계적인 관리 및 계획을 수행해야 된다. 이를 통해서 물류센터를 건설하고 운영하기 위해서는 반드시 물류센터의 입지분석 단계, 기본설계 단계, 경제성분석 단계, 건설 단계 및 안전 단계 등을 체계적으로 검토하지 않으면 안 된다. 이러한 단계를 효율적으로 수행하기 위해서 본 책은 물류센터의 설계 및 운영에 관한 필요한 기본 지식과 운영 정보를 초보자들도 쉽게 이해할 수 있도록 각 내용들을 체계적인 구성하였기에 이를 통해 물류센터의 효율적인 관리를 잘 할 수 있기를 희망한다.

끝으로 이 책이 완성되기 까지 물심양심으로 도와주신 물류분야의 여러 전문가와 동명대학교 HUNIC 사업단 및 흥릉과학출판사에 감사의 말을 전합니다.

2012년 저자 일동

차 례

CHAPTER 1

물류센터 정의 및 운영

1. 물류센터의 개요

:: 보관의 의의와 기능

:: 보관의 원칙

:: 3PL 정의 및 물류센터의 업무흐름

:: 물류센터의 업무평가지표 및 성과지표

:: 창고의 종류

:: 선반관리업무

:: 국내 물류센터 운영 현황

2. 3PL 물류업체 운영 WMS(Warehouse Management System)

:: WMS의 개념

:: 선진형 창고관리시스템(WMS) 운영현황

:: WMS 운영프로세스 구축 및 운영

:: 시스템 운영 활성화를 위한 참여주체별 역할

전 세계적으로 유비쿼터스(Ubiquitous) 환경 구축, 디지털 컨버전스(Convergence : 융합) 기술 개발 등이 상당히 큰 이슈화가 되고 있어 전자제품의 기술 개발이 그 어느 때보다 빠르고 복잡하게 진행되고 있다. 다양한 유형의 전자제품과 복잡한 기능을 가진 전자제품이 출시됨으로 인해 이를 사용하는데 있어 처음 제품을 접하는 소비자들의 경우 그 기능을 익히는데 상당한 어려움이 있는 것이 현실이다. 1990년대 후반까지 전자 업계의 제품 배송은 제품의 기능을 소비자들이 익히는데 크게 어려움이 없었기 때문에 단순 배송 형태로 진행되었으나 2000년대에 진입하면서 프리미엄급 제품 디지털 TV(PDP, LCD, LED), 드럼 세탁기, 양문형 냉장고, 멀티 에어컨 등의 시판 이후 각각의 제품이 가지고 있는 기능을 소비자들이 보다 쉽게 알 수 있도록 하기 위해 제품의 배송에서 끝나는 것이 아니라 이를 설치 및 상담까지 해주는 서비스로 진화하였다. 이는 디지털 컨버전스 기술 개발과 홈 네트워크 구축 등으로 인해 가정에서 사용하는 전자제품들이 상호 연결되어 동작하는 경우가 빈번해짐으로 인해 제품의 기능이 다양해지고 복잡해졌기 때문이라 할 수 있다. IPTV 등의 뉴미디어 등장으로 인해 디지털 TV의 경우 셋톱박스 등의 주변기기와의 연결, PC와의 연결, 유무선 네트워크 연결 등의 작업이 요구되는데 이러한 작업을 소비자들이 하기에는 어려움이 있기 때문에 전자제품의 배송에 있어 설치 및 상담이 상당히 중요한 부분이라 할 수 있다. 이러한 기술적인 변화와 더불어 인터넷, 홈쇼핑 등의 미디어들이 소비자들에게 미치는 영향력이 확대되고 다양한 미디어 매체들이 발생함으로 인해 2000년 이후부터 고객에게 제품을 판매할 수 있는 접점이 기존 오프라인 매장에서 인터넷, 홈쇼핑 등의 미디어 매체들로까지 확대되고 있다. 또한, 고객이 이전보다 상당히 빈번하게 제품을 접하고 주문할 수 있는 방법이 쉬워짐으로 인해 1회 주문량은 점점 소량화되고 있는 추세이다. 이와 더불어 고속철의 개통과 택배 산업의 발달에 의해 전국이 1일 생활권에 진입함에 따라 고객의 배송, 설치 요구 시간이 상당히 짧아지고 있다. 고객의 만족도를 높이기 위해서는 결국 고객에게 최종적으로 제품이 전해지는 배송이 상당히 중요하다고 할 수 있는데 이에 대한 고객의 기대치가 국내의 교통 인프라 향상으로 인해 점점 높아지고 있는 것이다. 이러한 상황에서 고객의 주문에 대해 효율적이고 안정적인 처리를 할 수 있는 것이 제품의 기술개발, 판매 등의 활동에 못지않게 기업의 수익 창출에 중요한 역할을 한다고 할 수 있다. 왜냐하면 장기적으로 봤을 때 고객 서비스 수준(Service Level)을 높이는 것이 기업이 창출하는 수익의 원천이 되고 수익률 또한 높일 수 있는 근원이 되기 때문이다. 이에 국내 전자업계에서는 고객과 가장 가까운 접점에 있는 물류 서비스의 경쟁력을 높이기 위해 다양한 물류 혁신 활동을 추진하고 있으며 범국가적으로도 우리나라 기업의 물류 경쟁력을 높이기 위해 종합적인 산업 물류대책을 수립하여 시행하고 있다. 그러나 이러한 대책들이 물류 프로세스를 구성하는 세부 항목들에 대한 하나하나의 개선에 대해 이루어지기 보다는 정책을 추진하는 데 필요한 개괄적인 연구 형태로 진행되고 있는 것이 현실이다. 또한, 정부 부처별로 정책들을 계획, 추진하는 경우가 많아 정책간 연계가 부족하여 효율성이 저하될 수 있다는 문제점이 있다. 이에 실질적인 물류 경쟁력의 향상을 위해서는 기업에서 고객에게 이르는 물류 흐름상에 존재하고 있는 여러 구성 요소들 중 높은 효율성이 요구된다고 할 수 있는 물류센터의 운영 효율을 강화하는 것이 중요하다고 할 수 있다.

일반적으로 물류센터에서 진행되는 작업들은 입고, 저장, 피킹, 출고 등으로 구분할 수 있다. 물류센터의 운영에 있어 물류센터 내의 프로세스 상에 있는 각각의 작업들의 효율적인 운영을 통해 효율성을 향상할 수 있고 또는 물류센터의 프로세스의 전체적인 설계 개선을 통해 효율성을 향상할 수 있다. 먼저 물류센터의 전체적인 설계를 개선하여 효율성을 향상할 수 있는 방안에 대한 선행 연구로는 물류센터의 운영 프로세스 상에 있는 입고, 저장, 피킹, 출하 등의 작업들의 운영 방안과 이론상의 운영방안에 대한 문제점을 개선할 수 있는 방안들을 들 수 있다. 여기서는 실제 물류센터를 운영하는 데 있어 이론적인 모형과 방법을 실제 현실에 적용하는 데는 상당한 어려움이 있는 상황에서 이론적인 연구자와 실제 물류센터 운영자간의 접점을 찾을 수 있는 방안을 제안하였다. 즉, 물류센터의 경우 실제 현장에서 발생할 수 있는 여러 제약 조건들로 인해 이론적인 모델을 적용하는 것이 쉽지 않고 또 이를 통해 효율성을 향상하는 것도 쉽지 않다. 이러한 상황에서 물류센터의 운영 개선을 위해 이론적인 모형 개발과 실제 적용하는 부분에 있어서의 어려움을 해소할 수 있는 방안을 제안한 것은 큰 의미가 있다고 할 수 있으며 이는 물류센터 공동화를 통한 개별 기업들의 물류센터 운영 효율을 높일 수 있는 방안과 고객 서비스 수준을 맞출 수 있는 시스템 최적화 방안 등에 관한 것이다.

1.1 물류센터의 개요

물류센터(Distribution Center)는 고객의 주문에 서비스하기 위해 재고를 보유하고 있으며, 하역과 보관, 출고, 배송의 기능을 가지고 있는 것을 일반적으로 물류센터라고 말한다. 이러한 물류센터의 건립은 다품종 소량생산, 주문의 증가, 고객의 다양한 주문, 열악해지는 교통 환경에 수반하는 물류비증가의 문제를 해결하기 위한 기업의 물류정책으로 나아가고 있다. 이를 위해 물류센터의 적절한 운영평가가 기업 내에 절대적으로 필요하게 되었고, 신뢰할 만한 평가지표들을 절실히 요구되게 되었다. 하지만 현재 물류센터에서 사용되어지는 운영평가지표로는 주로 비용(cost)과 재고관리에 편중되고 있으며, 그 외 정성적 요인들을 정량적으로 해석하여 평가가 되고 있지 못하고 있다. 따라서 본서에서는 각 물류센터 현장에서 사용되는 물류업무 지표들을 살펴보고, 물류센터의 운영평가에 필요한 요소들을 6가지(Cost(비용), Operation(설비운영), Quality(성과), Speed(속도), Flexibility(유연성), Safety(안전성))로 구분하여 물류센터의 평가 모형이 있다. 이를 통해 물류센터 평가지침을 제공하고, 기업의 전략적 의사결정과 투자계획의 수립을 돕는데 목적을 두었다.

물류센터는 각 공장에서 생산된 제품을 집약, 배송하는 시설로서 중추 센터의 기능을 가지고 있다. 물류센터관리의 목적은 물류센터 내에서 이루어지는 모든 활동이며 주문(Order)과 상품의 흐름에 대한 제어, 입고와 피킹에 대한 최적화, 물류흐름 상의 정보에 대한 실시간 제공을 지원하는데 있다. 즉, 물류센터에서 이루어지는 모든 내용을 데이터베이스화하여 필요한 모든 곳에 필요한 정보를 실시간으로 제공하며, 그 정보를 이용하여 기업은 원활한 기업 활동을 위한 신속한 의사결정을 할 수 있도록 하는데 그 의미가 있다는 것이다.

물류센터의 기능은 기업 또는 업계 스스로가 다종다량의 물건을 공급자로부터 받아들여 옮겨 쌓고, 나누고, 보관 및 유통가공, 정보처리 등에 의해서 수요자가 주문하는 물건을 갖추어서 신속하고 정확히 배송하는 기능이다.

물류센터의 경제성을 보면 모든 불확실성을 한 곳에 집중, 상쇄효과를 이용하여 궁극적으로 위험을 분산한다. 이를 다시 두 가지로 분류하며 첫째는 규모의 경제를 위한 공동발주와 둘째는 중간 물류센터를 활용한 방지 및 유통 물류의 합리화이다.

물류센터의 전체적인 설계 측면에 초점을 맞춘 것으로 프로세스 개선이 주된 수단으로 최종적으로는 효율성을 향상하는 것이 그 목적이라 할 수 있다. 이러한 목적으로 실제 현장에 적용하여 그 효과를 발휘하기 위해서는 현장에서 발생할 수 있는 다양한 제약 요인들에 대한 효과적인 관리 및 처리가 필수적으로 동반되어야 한다고 할 수 있다. 다양한 제약 요인들을 관리하는 방안을 도출하기 위해서는 제약이론(TOC : Theory of Constraints)을 활용할 수 있다. 제약(constraint)은 전체 시스템의 성과를 결정하는데 있어 효율성을 저하시킬 수 있는 부문으로 일반적으로 병목(Bottle Neck)지점이라고도 한다. 모든 기업과 조직은 업무를 진행하는데 있어 하나 이상의 제약을 가지게 마련이며 가용자원, 생산능력, 품질, 시장수요, 업무 규정, 의사결정기준, 경영지표 등이 모두 기업의 제약이 될 수 있다. 따라서 먼저 전제 시스템의 효율성을 저하시키는 제약을 찾아서 이를 개선한 후 이에 맞게끔 다른 요인들을 적용, 개선하는 방법을 지속적으로 실천하면 프로세스를 전체 최적화할 수 있다는 것이 제약이론의 요점이다. 물류 프로세스의 효율화를 위해 물류센터의 운영 방안에 제약이론을 적용하여 분석한다. 다음으로 물류센터 내의 프로세스 상에 존재하는 각각의 작업들의 효율적인 운영에 대한 내용에 관해서 그 중 물류센터 내의 레이아웃(Lay-out)

을 개선하여 저장 및 피킹 작업에 소요되는 시간을 단축하는 방안에 설명을 기술한다. 제품의 특성별로 적치를 하는 물류센터에서 교차 통로(cross aisles)를 만들어 피킹 시간을 단축하는 방안이 있고 이를 위해 최단 피킹 경로를 산출하기 위한 최적의 교차 통로 개수를 도출하는 내용도 있다. 또 제품 입고, 입고 도크를 운영하는 데 있어 작업자를 도크별 물량에 따라 유연하게 이동할 수 있는 방법과 저장 단계에서 품목을 저장하는 방안도 있다. 이러한 내용들은 물류센터 프로세스 상에 존재하는 각각의 작업들의 효율적인 운영방안을 알아본 것이다. 고객 서비스 수준을 향상시키기 위해서는 출고 시간이 기존에 약속된 시간에 맞게 준수되어야 하는데 상기 언급한 각각의 작업들 중 물류센터 운영비용의 약 55%를 차지하는 피킹 작업의 효율성이 출고시간, 나아가 고객의 서비스 수준에 가장 큰 영향을 미친다고 할 수 있다. 물류센터 프로세스 상에 가장 중요한 작업이라 할 수 있는 피킹 작업은 고객으로부터 주문된 제품이 물류센터로 발주되면 이를 배송, 설치하기 위해 센터에서 제품을 고르는 작업을 말한다. 피킹 작업은 제품의 형태, 특성에 따라 다양한 방식으로 진행되는데 일반적으로 소형, 다량 제품의 경우 특정한 지역에 작업자가 위치한 상태에서 제품을 피킹하여 보내는 방식으로 진행되며 주로 마트나 백화점 등으로 배송되는 제품들이 해당된다고 할 수 있다. 그리고 대형 제품의 경우에는 일반적으로 작업자가 다양한 지역을 이동하며 주문서에 기재되어 있는 제품들을 고르는 방식으로 진행된다. 이러한 작업에는 작업자의 제품 선택을 위한 이동 시간이 전체 피킹 시간에 상당한 부분을 차지한다고 하는데 대략 50% 이상을 차지한다고 한다. 이러한 피킹 방식은 한명의 작업자가 자신이 가진 주문서에 기재되어 있는 제품을 하나하나 선택해 오는 방식이므로 오류를 줄일 수 있다는 장점이 있는 반면에 센터가 가진 특성에 따라 그 시간이 상당히 편차가 크게 나타날 수 있어 어떠한 요인이 작업의 효율성에 큰 영향을 미치는가에 대한 판단을 하는 것이 어렵다고 할 수 있다. 이에 피킹 작업의 효율성 향상을 위해 다양한 연구가 진행되고 있는데 그 중 작업자가 피킹을 하는 경로를 최소화하는 방안에 대한 연구이다. 제품의 출하빈도에 따른 저장 장소의 결정, 작업자의 주문 처리 방법, 센터의 저장 랙(Rack) 구조 등에 따른 센터 운영의 효율성에 대한 방안, 물류센터 내에서 교차되는 통로가 여러 개 있을 때 작업자가 피킹을 하기 위한 최적의 이동경로를 휴리스틱(Heuristic) 방법, 일반적인 물류센터의 구조인 정사각형 형태의 물류센터 내의 피킹 작업을 하는데 있어 TSP 기법을 적용하여 작업자의 최적 이동경로를 산출한 내용 등이 있고 이러한 내용들은 효율적인 피킹 작업을 위한 경로를 결정하는 방안을 제안하고 있다. 피킹을 하는 작업자의 경로를 최적화 하여 피킹에 소요되는 시간, 비용을 절감하는 방안이 물류센터 프로세스 상의 피킹 작업의 효율성 제고에 얼마나 중요한가를 알 수 있다. 또한 이러한 방식의 접근이 물류센터 운영의 효율성에 긍정적인 영향을 미친다는 것은 앞서 언급한 다양한 선행연구의 실험결과를 통해 알 수 있다.

1.1.1 보관의 의의와 기능

보관(storage)이란 재화를 물리적으로 저장하고 관리하여 고객의 주문에 따라 피킹(picking), 분류(sorting), 검품 및 출고, 배송하는 일련의 작업을 수행하는 핵심적인 물류활동이다. 즉, 보관활동은 생산과 소비의 거리를 조정하여 시간적 효용을 창출하는 기능을 가지고 있으며, 이 기능을 담당하는 시설이 창고(warehouse)로서 물류 중심적 기능을 수행한다. 최근 보관은 스톡(stock) 기능으로부터 플로우(flow) 기능 중심으로 그 핵심기능이 변해가고 있다. 전체 물류시스템의 수평적인 흐름에서 보관은 입고와 출고, 자재와 생산, 생산과 판매 간의 시간과 공간적인 차이를 조정하는 일종의 완충장치의 기능을 수행하며, 수 배송경로(Link)의 접점이 이루어지는 거점(Node)의 역할을 한다. 현재 재고삭감요구와 JIT(Just-in time : 즉납체제) 등의 요구로 보관은 하역과 함께 물류의 기본요인이 되고 있다.

물류활동 면에서 보관은 생산에서 소비에 이르는 물품흐름의 일부이므로 적시에 원료 및 부품을 공급하여 생산을 원활이 하고 그 제품을 수요에 적합하게 출하하여 판매효과를 높이는 일이 보관기능으로써 요청되고 있다. 보관을 "시속0km의 수송"이라고 부르는 사람이 있을 정도로 점차 동태화되어 가고 있다.

보관은 설비기기, 재고관리, 시스템 등으로 나누어 살펴볼 수 있다. 설비기기는 보관에 관련된 하드웨어를 말하고, 재고관리는 관리기법으로 소프트웨어에 해당하며, 시스템은 설비기기와 재고관리를 유기적으로 연결하는 것을 말한다.

보관의 기능을 살펴보면 다음과 같다.

첫째의 기능은 고객서비스의 최전선으로서의 기능이며 재고를 통하여 언제나 고객에 대응할 수 있도록 하는 기능이다.

둘째의 기능은 수송과 배송과의 사이에서의 윤활유로서의 기능이다. 즉 커다란 로트(Lot) 수송이나 벌크 수송을 나누어 적은 로트(Lot)로 배송할 때에 보관기능이 중요한 위치를 차지하고 있다.

셋째의 기능은 생산과 판매의 조정기능이다. 즉, 생산은 평준화와 안정화를 필요로 하지만 수요는 언제나 변동한다. 여기서 양자의 차이를 재고기능에 의해서 조정한다.

넷째의 기능은 전술한 바와 같이 보관은 단순한 저장기능 뿐만이 아니고 집산, 분류, 구분, 조합, 검사에 관한 기능을 가지고 있다. 유통기능의 중요성이 증가하고 있는 현대로서는 넷째 기능의 비중이 점점 커지고 있다.

보관창고의 설비에 대해서는 통상 선반과 운반기기 및 부속설비가 중심이 되어 보관물품의 흐름, 수용력, 재고관리방법 등에 의해서 최적의 레이아웃을 생각하지 않으면 안 된다. 보관설비는 과거에는 수용효율을 최우선으로 생각하였으나 오늘날에는 정보전달이나 처리 및 수송기관이 발달함에 따라 생산라인이나 소비지에 어떻게 적시에 필요한 물품을 공급할 수 있는지가 가장 중요한 문제적으로서 보관물품의 흐름과 재고관리방법을 최종점으로 생각하지 않으면 안 된다.

수용력에 대해서는 특히 거론할 필요도 없으므로 여기에서는 보관물품의 흐름과 재고관리방법에 대해서 설명하고자 한다.

보관되는 물품의 흐름은 다음과 같이 크게 나눌 수 있다.

- One Way 방식

  입고구와 출고구가 별도이고 입고되는 물품이 일방통행으로 창고 내를 이동하며 출구에서 반출되는 방식이다.

- U Turn 방식

  입고구와 출고구가 동일하거나 또는 동일한 방향에 있어서 보관물품은 보관 후 입고방향과 반대방향의 흐름에 의해서 출고되는 방식이다.

- 기타 방식

  이상의 2개 방식에서도 도중에서 상하좌우로 이동하는 것과 같은 복합적인 흐름을 택하는 경우도 있지만 그것은 배열을 바꾸는 것과 같은 관리상 불가능한 이동으로서 입출고를 위한 흐름으로는 어디까지나 위의 One Way 방식 또는 U Turn 방식의 2개 방식이 기본이 된다. 입고구·출고구는 필요에 따라서 두 가지 이상 설치하는 경우도 있지만 관리 레벨을 향상시키기 위해서는 입·출고구의 수를 최소한으로 하는 것이 바람직하다.

수송과는 대조적으로 보관과 하역은 유통망의 연결점에서 주로 일어나는 물류활동이다. 보관은 공간적인 이동이 없는 운송으로 여겨지기도 하는데 하역과 함께 기업물류비용의 12%~14%까지 차지하는 것으로 추정되는 중요한 물류활동이다. 기업은 왜 물류시스템의 일부로 보관과 자재취급을 필요로 하는가? 제품의 수요를 정확히 알고 있고 수요에 대하여 즉각적으로 공급이 이루어질 수 있다면 재고를 유지할 필요가 없으며 따라서 보관활동 역시 필요 없게 된다. 그러나 일반적으로 수요를 정확하게 예측하는 것은 불가능하기 때문에 재고 없이 운영하는 것은 비실용적이며 비경제적이라고 할 수 있다.

공급과 수요의 조정이 완벽하게 이루어진다 해도 수요에 따라 생산이 즉각 이루어져야 하고 수송시간 또는 신뢰할 수 있어야 재고 없는 운영이 가능하다. 실제 이러한 상황은 합리적인 비용으로 달성될 수 없다. 따라서 기업들은 공급-수요관계를 조절하고 총비용을 줄이기 위해 재고를 보유하게 된다. 재고보유는 창고시설과 보관활동 뿐만 아니라 자재취급을 필요로 한다. 결국 보관은 경제적 필요에 의해 이루어지는 물류활동이라고 할 수 있다.

일반적으로 다음과 같은 네 가지 이유 때문에 보관시설을 사용한다.

첫째, 수송비와 생산비를 줄이고, 둘째, 공급과 수요의 균형을 이루고, 셋째, 생산과정을 지원하고 넷째, 판매활동을 지원하기 위해서이다.

- **수송비와 생산비의 절감**

  창고와 재고는 자체비용을 발생시켜서 기업의 비용을 증가시키지만 수송과 생산의 효율성을 높여서 수송과 생산비용을 감소시키기 때문에 결국 비용 상쇄효과를 가져온다.

- **수요와 공급의 조절**

  수요는 안정적인 반면 생산량이 계절에 따라 크게 변하는 제품을 생각하는 기업은 수요에 따라 공급을 조절하는 것이 중요한 문제가 된다. 수요가 불확실하거나 계절적인 변동이 심한 제품이나 서비스를 공급하는 기업들은 일반적으로 생산비를 최소화하는 수준으로 연중생산을 조절하고, 비교적 짧은 기간 동안의 수요를 충족시키기 위해 필요한 재고를 유지하게 된다.

- **생산 측면에서의 이점**

  창고보관은 생산 공정의 한 부분으로 생각할 수 있다. 특정 제품은 제조과정에서 숙성기간을 필요로 하는데 창고는 이러한 제조과정에 있는 제품을 보관한다. 또한 생산에 세금이 부과되는 경우 판매 때까지 보세상태로 제품을 보관하여 기업은 상품이 팔릴 때까지 상품에 대한 세금지불을 연기할 수 있다.

- **마케팅 측면에서의 이점**

  마케팅 측면에서 중요한 관심사는 필요로 하는 제품을 얼마나 신속하게 시장에 대어놓을 수 있는가 하는 점이다. 이런 점에서 창고보관은 상품의 가치를 높이는 역할을 한다고 할 수 있다. 즉, 소비자 가까운 곳에 위치한 창고에 제품을 보관함으로써, 수요에 따라 제품을 시장에 배당하는데 걸리는 시간을 줄일 수 있고 빠른 배달로 인해 서비스가 향상되어 판매가 증가하게 된다.

보관작업의 경우도 입화작업과 같이 보관점(item)수, 보관수량, 회전수별로 ABC군으로 분류하여, 보관시스템이 다음과 같이 여러 가지 형태로 변한다.

- **A-A-A 형태**

보관점(item)수는 적지만 수량이 많고 회전수가 큰 맥주, 청량음료, 시멘트 등 입출고가 빠른 물품으로서, 보관설비는 플로 랙과 주행대차를 많이 이용하며 단시간에 대량처리가 가능하기 때문에 편리하다.

- **A-A-C 형태**

대량의 재고를 갖고 있으면서 별로 이동하지 않는 불량제품이나 계절변동제품이 여기에 해당되며, 여기서는 고정설비인 유닛형 랙은 불리하지만 기본적으로 파렛트의 수동적재는 유리하다.

- **A-C-A 형태**

회전수만 높은 제품으로, 보관기능이 미약하기 때문에 중간 공정이나 출고 라인에서 피킹하는 제품에 적합하다. 피킹 시스템의 자동화가 발달된 오늘날에서는 임시출고-피킹-재출고 형태로 많이 이용된다.

- **A-C-C 형태**

보관점수, 보관수량, 회전수가 모두 적어 파렛트를 직접 쌓을 수 있는 형태로서, 파렛트 랙을 중심한 하역기기는 포크만 부착되어 있으면 사용이 편리하다.

- **B-B-B 형태**

점수, 양, 회전수가 모두 B급의 일반적 형태로 랙, 크레인 등 설비이동도 간단하고 레이아수의 변경도 비교적 용이하다.

- **C-A-A 형태**

보관점(item)수와 보관수량이 많고 회전수가 높아 관리가 매우 복잡한 형태로 고층 랙과 모노레일 스태커 크레인의 조합을 통해 컴퓨터 컨트롤 방식이 채용하여 운용하여야 효율적이다.

- **C-A-C 형태**

재고점수, 재고량은 많지만 회전수가 적어 자동화 창고의 고층 랙에 모노레일 스태커 크레인을 이용하거나 파렛트 직접 쌓기 및 시프트와 로더가 1조가 되는 기능의 하이시프트방식을 이용하기도 한다.

- **C-C-A 형태**

보관점수는 많지만 보관량이 적고 이동이 많은 형태로, 주로 고층 랙을 이용하며 개별출고방식에서 오더 마킹 머신과 수동으로 피킹하기도 한다.

- C-C-C 형태

재고량과 이동은 적지만 보관점(item)수가 많기 때문에 관리가 어렵고 재고공간을 많이 차지해 파렛트 단위 적재와 이동식 랙을 많이 사용한다.

1.1.2 보관의 원칙

- **통로대면보관의 원칙**

물품의 격납 및 추출을 용이하게 하고 효율적으로 보관하기 위해서는 통로 면에 보관하는 것이 창고 내 레이아웃의 기본원칙이며, 이 같은 원칙에 따라 창고 내에서 원활한 물의 흐름을 활성화하는 기본적인 요건이 바로 통로대면보관이다.

- **고적의 원칙**

고적의 원칙이란 물품을 고층으로 적재하는 것으로 평적보다 파렛트 등을 고적하여 용적효율을 향상시키는 것이다.

- **선입선출 원칙(FIFO : First In First Out)**

선입선출이란 먼저 보관한 물품을 먼저 끄집어내는 원칙으로서 이 원칙은 일반적으로 상품의 라이프사이클이 짧은 경우에 많이 적용된다. 재고관리 상 선입선출이 필요한 경우는 형식의 변경이 많은 상품, 라이프사이클이 짧은 상품, 보관시 파손이나 감모가 생기기 쉬운 상품 등의 경우이다.

- **회전대응보관의 원칙**

회적대응보관의 원칙은 보관물의 장소를 회전에 대응하도록 결정하는 원칙으로서 입출하 빈도가 높고 낮은 경우 보관 장소를 결정할 때 의미가 있다. 이 같은 원칙이 중요한 이유는 일상 업무 가운데 이 같은 원칙을 이용해서 물품을 정리할 수 있기 때문이다.

- **동일성의 원칙**

동일성의 원칙은 동일 품종은 동일 장소에 보관해야 한다는 원칙이다. 즉, 동일 품종의 관리는 동일 장소에 보관하여 관리하면 관리의 효율화를 이룰 수 있다.

- **유사성의 원칙**

유사성의 원칙은 유사품을 근처 가까운 곳에 보관하는 원칙으로서 동일성의 원칙과 보는 관점이 동일하다.

- **중량특성의 원칙**

중량특성의 원칙은 중량에 대응하여 보관 장소나 고저를 결정하는 원칙으로 중량물은 상·하층부에 보관하는 것이다. 따라서 수(手) 하역을 할 때는 허리 이하의 장소에는 중량물과 대형물을 보관하고 허리 이상에는 경량물이나 소화물을 보관하는 것이 좋다.

- **형상특성의 원칙**

형상특성의 원칙이란 형상에 따라 보관방법을 변경하며, 형상특성에 부응하여 보관한다는 원칙으로서 표준품은 랙에 보관하고 비표준품은 형상에 부응하여 보관한다는 것이다.

- **위치표시의 원칙**

위치표시의 원칙은 보관품의 장소와 선반 번호를 명시하는 원칙으로 위치를 표시하게 되면 격납·추출작업이 단순화되어 작업원의 실수가 적어진다는 장점이 있다.

- **명료성의 원칙**

명료성의 원칙은 시각적으로 보관품을 용이하게 식별할 수 있는 원칙이다. 거주표시 및 동일성에 따라 고적하는 경우 창고 내 작업원의 시각을 통해 보관 장소나 보관품 자체를 용이하게 찾아서 추출할 수 있어야 한다.

- **네트워크 보관의 원칙**

네트워크 원칙은 출하품목의 다양성에 따라 관련품목의 연대적 출고를 예상하여 품목을 정리하고 계통적으로 보관함으로써 출하 시 용이하게 찾아낼 수 있도록 보관하는 방식이다.

1.1.3 3PL 정의 및 물류센터의 업무흐름

3PL(제3자 물류)은 원자재의 조달에서 완제품의 소비에 이르는 공급체인 상의 전체 물류기능 또는 일부분을 물류업체가 화주기업으로부터 위탁받아 대행하는 물류 활동을 말한다.

3PL은 제조업체, 유통업체 등의 화주와 물류서비스 제공업체 간의 제휴 형태로 나타나며 고객서비스의 향상과 물류비용의 절감이라는 목적으로 보다 효율적인 물류시스템의 구축과 효율적인 공급체인을 운영하기 위하여 공급채널 내의 다른 주체와 장단기

적으로 파트너십의 형성과 전략적 제휴를 가지고 수행하는 계약 물류라고 정의할 수 있다.

3PL은 1PL(제1자 물류) → 2PL(제2자 물류) → 3PL(제3자 물류)로 발전되었으며, 오랜 기간 동안 운송업이나 창고업을 운영하면서 전문성과 노하우를 축적한 후 3PL업체로 변신하는 경우도 있다. 3PL은 단순히 비용절감을 위해 단순히 물류기능을 외부에 위탁하여 실행하는 아웃소싱에 해당하는 낮은 수준에서부터 공급체인상의 물류시스템을 구축하고 운영하는 측면에서 이르기까지 그 범위가 매우 다양하다고 볼 수 있다.

선진물류기업이 3PL로의 전환에 따른 경쟁력 확보 및 물류서비스를 원활히 제공하는 것처럼 냉동냉장창고업계도 물류센터형 냉동냉장창고의 전환을 통한 경쟁력 있고 다양한 물류서비스를 제공할 수 있는 창고로의 변환이 필요한 상황이다. 이러기 위해서는 3PL업체의 운영 및 발전 방향을 토대로 물류센터를 효율적으로 운영하기 위한 창고관리시스템 구축 및 운영이 필요한 상황이다.

창고 운영 프로세스의 효율성 제고를 위해서는 프로세스 상에 존재하는 다양한 작업들 중 제약 요인을 찾아내어 해당 자원의 집중적인 관리를 통해 프로세스의 진행을 효율적으로 통제할 수 있는 방안으로 제약이론을 언급한다. 일반적으로 제약이론을 사용하면 자원의 효율적인 관리와 프로세스의 효율성 제고에 큰 도움을 줄 수 있으며 이를 통해 조직원들의 업무 개선에 대한 의식도 향상시킬 수 있는 부수적인 효과까지 거둘 수 있다고 한다. 제약이론은 시스템 내의 제약에 집중함으로써 해당 제약 요인을 개선할 수 있는 목표 중심적 사고를 제안하며 이는 시스템 사고에 기반을 두고 있다고 할 수 있다. 즉, 기업의 업무 프로세스를 고리가 상호 연결되어 있는 사슬로 여김으로 인해 고리들 간의 상호작용을 인정하고 부분 최적화가 아닌 전체의 최적화를 추구하는 것이다. 또한, 지속적인 피드백을 요구하는 개선 프로세스를 통하여 타성에 젖는 것을 지양하는 미래지향적 사고방식을 제공한다. 일반적으로 제약이론은 5단계의 절차를 걸쳐서 진행된다.

첫 번째 단계에서는 프로세스에 존재하는 제약요인을 찾아낸다. 이는 기업에서 추구하는 목표를 달성하는데 있어 효과를 저해하는 요인을 찾아내는 것으로 다양한 요소가 해당한다고 할 수 있다. 기업의 생산 환경에 있어서는 인력이나 기계 등의 자원이 제약 요인이 될 수 있다.

다음으로 두 번째 단계에서는 앞선 단계에서 찾아낸 제약 요인을 충분히 활용할 수 있는 방안을 마련하게 된다. 일반적으로 제약 요인이 전체 프로세스의 효율성을 결정한다고 할 수 있기 때문에 프로세스의 순서를 개선하거나 프로세스를 통합하는 방법 등으로 제약 요인을 보완할 수 있는 방법을 찾아야 하는 것이다. 또는 제약 요인을 삭제하거나 제약 요인의 작업 방식을 변경하는 방법 등을 통해 제약 요인을 최적화 할 수 있다. 이 단계를 통해 다양한 대안들 중 제약 요인을 가장 효과적으로 관리할 수 있는 방안을 최적의 방안을 선택할 수 있다.

세 번째 단계에서는 앞서 두 번째 단계에서 선택한 방안에 맞게끔 제약 요인 외의 다른 요인들을 모두 종속시키게 된다. 이는 제약 요인의 효율성이 최대화 될 수 있게끔 다른 요인들을 제약 요인에 맞게끔 운영한다는 것이다. 이를 통해 프로세스의 전체 최적화가 가능하도록 할 수 있는 것이다.

다음으로 네 번째 단계에서는 제약 요인을 충분히 활용하기 위해 해당 요인의 능력을 최대치로 끌어올리는 단계, 즉 제약 요인을 향상시키는 단계이다. 제약 요인의 능력 향상을 통해 전체 프로세스의 효율성을 높일 수 있는 발판을 마련할 수 있는 것이다.

마지막으로 다섯 번째 단계에서는 프로세스 상에 존재하는 다수의 요인들 중 제약 요인이 변경되는지를 확인하고 만약 제약 요인이 변경되는 경우 앞서 첫 번째 단계부터 다시 개선활동을 시작하게 된다.

이러한 과정을 통해 볼 때 기업의 경영활동에 있어 효율성을 제고하기 위해 제약이론을 적용하기 위해서는 지속적으로 경영 프로세스를 관찰하여 효율성을 저해하는 요인을 찾아내어 이에 대한 개선을 제약이론의 5단계를 통해 지속적으로 진행하는 것이 중요하다고 할 수 있다. 이에 제약이론의 적용을 위해서는 개선활동을 하는데 있어 타성에 젖지 않는 것이 중요하다고 할 수 있다. 현재의 상황에서 가장 큰 문제점은 리드타임 지연이다. 피킹 작업은 각 파트별로 작업자들이 동시에 작업을 시작하여 피킹을 마치는 파트에서는 바로 상차 작업을 시작할 수 있도록 작업 물량을 상차위치로 이동하게 된다. 각각의 파트에서 이동된 물량들은 모든 파크의 물량이 모두 도착하면 미리 대기하고 있는 해당 차량에 싣는 상차작업을 시작하게 된다. 이렇게 파트별로 동시에 피킹 작업이 시작되기 때문에 가장 마지막으로 피킹 작업이 완료되는 파트의 작업 소요시간이 해당 차량의 피킹 리드타임이 된다. 리드타임 지연이 발생하는 첫 번째 원인은 특정한 라우트의 물량에 대한 파트간 처리 속도의 편차로 인해 발생되는 출고 지연이다. 한 파트에서 피킹 작업의 시간이 지체되게 된다면 해당 차량의 출고가 지연되기 때문에 모든 파트에서의 피킹 작업이 비슷한 리드타임을 가지도록 하는 것이 피킹 작업의 효율성을 높이는 것이라 할 수 있다.

일반적인 물류센터의 기능을 보여주고 있으며, 물류센터는 소비자(고객, 도소매점, 기업)의 주문(구입)에 따라 상품을 고객에게 전달하며 같은 업무를 수행한다.

① 발주

고객의 주문에 따라 제조회사를 상위 물류조직에 제품을 발주하는 업무로 발주부서 및 수주부서에서 담당한다. 발주의 형태는 ECR(Efficient Consumer Responsence), EDI, Fax, 전화로 이루어진다.

② 입하 & 검품

발주된 제품을 물류센터의 입고지역에 하역하는 작업으로 입고담당부서 및 재고담당부서에 의해 관리된다. 입하시 검품을 통해 물량의 확인과 수정이 이루어지고 하역인력과 장비(지게차)에 의해 수행된다.

③ 분류 & 보관

제품의 보관에 따른 분류업무로 정확한 제품을 정확한 장소로 이동시켜야 하며, 보관시 정확한 재고수량의 파악을 해야 함으로 숙련된 작업자와 철저한 재고 관리가 이루어져야 하는 업무이다. 주로 하역부서와 재고관리부서에서 담당한다. 하역장비로는 컨베이어, 지게차, 휴대용 단말기, 자동창고, 스캐너 등이 사용된다.

④ 오더피킹

고객의 주문에 따라 제품을 발송지대로 재고보관 장소로부터 구분하여 하역하는 작업으로, 정확한 제품과 수량의 관리가 이루어져야 하는 작업으로 수련된 작업자의 작업이 필요하다. 하역부서, 재고관리부서에서 담당한다. 오더피킹시스템은 저장 중에 있는 창고 재고에서 거래처로부터 수주 받은 물품을 주문별로 모아서 출화하는 과정으로 주요운영은 입하, 저장, 피킹 및 출하로 구분되며 운반 장비의 오더피킹 시 물류시스템에서 소요되는 연간 운영비용 구성비는 [그림 1.1]과 같이 각각 10%, 15%, 55% 및 20%이다. 또한, 오더 피킹은 연간 운영비용 중 55%를 차지할 만큼 물류시스템 내의 생산성 향상을 위한 최우선 순위의 운영이 되고 있다.

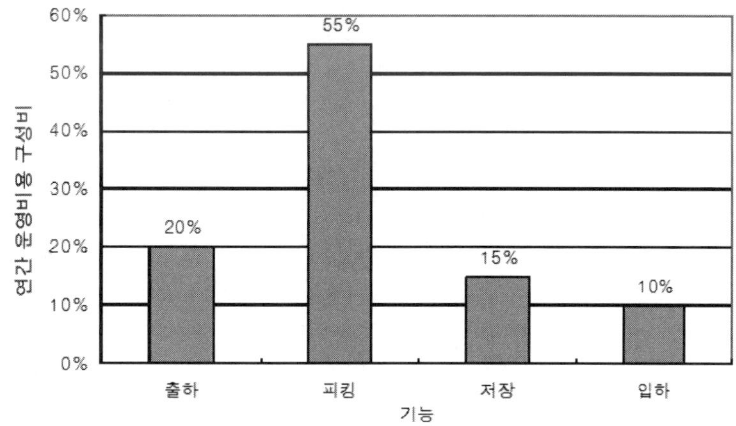

[그림 1.1] 물류센터 운영비용 분포

오더피킹에서 발생되는 출고 패턴은 [표 1.1]과 같이 파렛트와 케이스 단위로 수행되고 있다.

[표 1.1] 출고 패턴

패턴	보관단위	피킹단위	약호
①	파렛트	파렛트	P P
②	파렛트	파렛트+케이스	P P+C
③	파렛트	케이스	P C
④	케이스	케이스	C C
⑤	케이스	케이스+단품(낱개)	C C+B.C
⑥	케이스	단품(낱개)	C B.C
⑦	단품(낱개)	단품(낱개)	B.C B.C

오더피킹에서는 물류센터 내 재고주기를 원활히 수행하기 위한 재고주기모형을 적용하고 있으며 [그림 1.2]와 [그림 1.3]과 같이 주문량 입고와 보유량 및 재주문점에 다른 발주와 주문량을 산정한다.

물류센터 내에서는 저장되는 재고에 따라 [그림 1.4]와 [표 1.2] 및 [표 1.3]과 같이 ABC 재고관리를 수행하며 연간 사용금액이라는 중요성 측정기준에 의하여 재고품목을 차별화하고 이에 따라 통제 노력을 배분하는 재고관리 시스템이다.

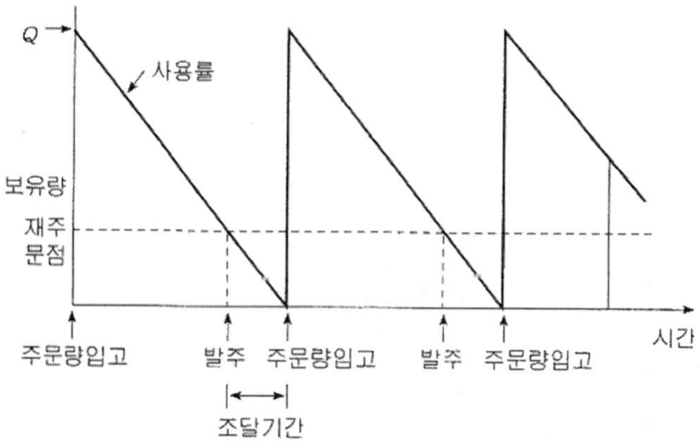

[그림 1.2] 재고주기모형

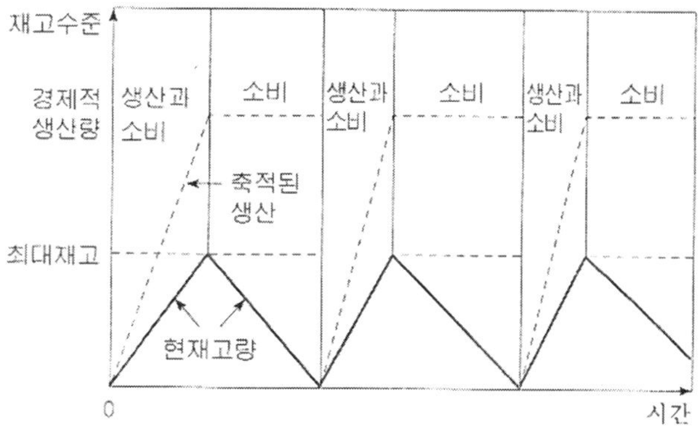

[그림 1.3] 경제적 생산량 모형

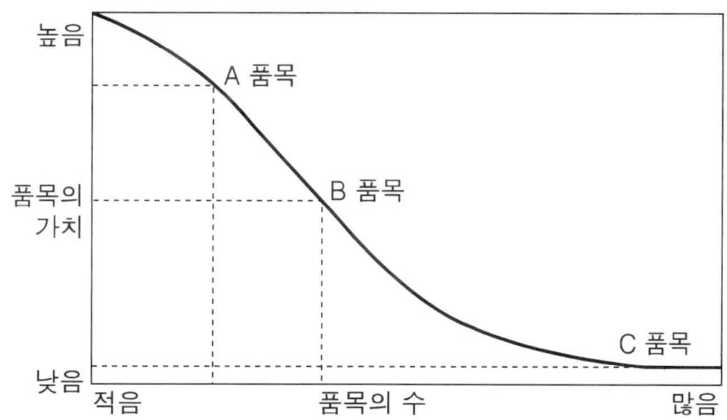

[그림 1.4] ABC 재고관리 시스템

[표 1.2] ABC 분류

분류구분	품목 또는 수량의 비율	금액상의 비율
A	5~10%	70~80%
B	10~20%	15~20%
C	70~80%	5%~10%

[표 1.3] 품목별 적용 재고 현황

품목	통제정도	기록유형	발주량	재심빈도	안전재고크기	적용재고 관리기법
A	긴밀	정확 및 완전	소	연속	소	정량발주기법
B	중간	양호	중	가끔	중	정기발주방법
C	느슨	단순	대	드물게	대	2궤재고체계

⑤ 출하 & 배송

고객의 주문에 따라 지역별 혹은 종류별로 선별된 제품을 차량에 실어 고객에게 배송하는 작업으로 배송담당부서, 차량선적부서, 재고담당부서에서 담당한다.

제약이론에서 제시하는 5단계 중 가장 첫 번째 단계에서는 먼저 문제가 되는 제약조건을 찾아 해당 제약조건에 추가 자원 투입이나 시스템 변경을 통해 수준이나 성능향상을 목표로 하는 것과 달리 물류센터의 경우는 제품별 특성에 따라 구분된 구역별로 동시간대에 피킹작업이 시작되기 때문에 제약 요인의 제거가 아닌 전부문의 평준화에 목적을 둔다. 즉, 물류센터의 경우 모든 파트가 다 필요하기 때문에 피킹을 하는데 있어 특정 요인을 제거할 수 없어 제약 요인을 개선할 수 있는 방안에 대해 알아보는 것이 중요하다고 할 수 있다. 피킹 리드타임은 각각의 구역에 포함된 모델수와 그의 전체수량, 출하 빈도 등으로 이뤄진 정량적 요소와 제품의 크기, 무게로 이뤄진 정성적 요소에 따라 결정된다. 그로 인해 전 구역에서 동시에 시작된 피킹의 리드타임이 시작부터 차이를 보이기 시작하고 시간의 흐름에 따라 그 차이는 계속 누적되어 업무 후반부로 가서는 상당한 격차를 벌이게 된다. 이로 인해 차량의 출고가 지연되어 결국 고객에 배송이 늦어져 서비스 수준을 저하시킬 수 있는 것이다.

현재 물류센터 환경의 문제점 도출 부분에서 나온 제약 요인인 파트별로 전체 피킹리드타임을 결정하는 비율이 현저하게 차이나는 점을 개선할 수 있는 작업이 필요하다고 할 수 있다. 이 제약 요인의 개선을 위해 기존에 섹터별로 분할 처리된 오더리스트를 작업 시스템 통합을 통한 통합 관리 방안을 제안한다. 이는 제품군에 따른 파트단위 조직체계를 통합조직으로 변경 운영하는 것이다. 6개 파트의 소단위 조직을 1개의 출하팀으로 승격 통합시켜 조직의 규모를 확대하되 단순화 하고 기존의 6개 파트에 나눠져 있던 15개 섹션은 현행과 같이 유지하여 통합으로 인한 혼란을 최소화 한다. 6개 구역에 분산 배치되었던 피킹리스트를 전 구역에서 접근성이 가장 최적인 구역에 라우트별 전체 섹션 피킹리스트를 순차적으로 배치한다. 파트의 구분이 사라진 피커들은 구역에 상관없이 최상위 피킹리스트가 가리키는 구역으로 이동하여 해당 제품을 피킹한다. 파트별 피킹 작업시 한 개 라우트에 6명의 피커들이 필요하였다면 통합조직에선 최대 15명의 피커가 필요하게 된다. 현재와 차이점은 6명이 각각 2~3개의 섹션에 딸린 많은 양의 피킹리스트를 장시간에 걸쳐 소화하던 것을 최대 15명의 피커가 단 1개 섹션의 피킹리스트를 최단 시간에 피킹하게 되는 것이다. 또한, 피커들은 한 라우트 피킹이 끝나는 순서대로 다음 피킹이 시작되므로 일정 구역이 아닌 전체 구역을 커버하게 된다. 단 전제조건은 피커들의 능력치가 전 구역에서 동일하게 발휘되어야 하며, 이는 평준화 되었다고 가정한다. 국내 전자업계에서는 고객 서비스 수준을 높이기 위해 다양한 활동을 전개하고 있다. 그중 고객과 가장 가까운 접점에 있는 물류

서비스의 경쟁력을 높이는 것은 효율성 측면에서 기업이 추구할 수 있는 가장 중요한 항목 중 하나라 할 수 있다. 국가적으로도 물류 서비스의 향상을 위해 다양한 정책들을 제안·시행하고 있지만 이러한 것들은 물류 프로세스를 구성하고 있는 각각의 세부 항목에 대한 효율성 제고와는 동떨어져 있는 것이 현실이다. 이에 국내 제조업체의 물류 경쟁력 향상을 위해서는 실제로 기업에서 개발하는 제품의 이동 프로세스 상에 존재하는 항목들 중 고객 서비스 수준 향상에 가장 큰 영향을 미친다고 할 수 있는 물류센터의 운영 효율성을 제고하는 것이 필요하다 할 수 있다. 이를 위해 국내 A 전자업체의 물류센터 사례를 토대로 물류센터의 피킹 프로세스를 향상할 수 있는 방안을 제안하여 이를 실제로 물류센터에 적용하여 제안한 프로세스의 효과를 검증하였다. 제안한 프로세스의 효과를 검증한 결과 A 전자업체의 물류센터에서 기존 피킹 프로세스로 진행된 9월에 평균 6,088(s)초인 차량별 피킹 리드타임이 새로운 피킹 프로세스를 적용한 이후인 10월에는 차량별 피킹 리드타임이 평균 5,805(s)로 약 283(s) 정도 단축한 것을 알 수 있었으며 t-검정 결과 유의수준 0.05 하에서 그 차이가 상당히 유의하다고 나왔다. 이러한 결과는 A 전자업체의 물류센터에는 하루 평균 100여 대의 차량이 이용하는 것을 감안할 때 개선된 프로세스의 효과가 상당히 크다는 것을 알 수 있다. 09년 9월 대비 10월의 리드타임 단축성과는 전체 리드타임 대비 약 18%, 목표 리드타임 대비 약 104%에 달했으며 이로 인한 경제적 효과는 가시적 효과인 물류센터 운영시간 단축에 따른 비용절감(인건비, 창고운영비 등)과 당장 금액 환산이 어려우나 가시적 효과와는 비교가 되지 않는 對고객 납기준수 100% 달성으로 인한 고객만족도 상승에 따른 추가 구매력 확보 등 상당한 성과를 얻을 수 있었다.

1.1.4 물류센터의 업무평가지표 및 성과지표

물류센터에 대해 각 기업은 고유영역의 경험과 데이터로 물류업무를 수행하고 있으며 자체 물류지표로 의사결정 및 투자계획을 세워나가고 있다. 기업의 물류활동관련 평가를 위한 많은 국외의 논문과 국내 관련연구 보고서 등이 있지만 국내기업의 규모별, 업종별, 제도적 차원의 기준과 규정이 없는 상태이다. 국외에서 소개되고 있는 물류관련 평가지표로는 물류비, 물류고객서비스, 물류생산성, 물류자산관리, 물류품질 5개부분야 걸쳐 정의하고 있는데 각 분야별로는 단위당 물류비용, 창고비용, 품절률, 배달오류, 정시배송, 배고회전율, 재고운반비용, 반품 회수 등의 세부항목들을 포함하고 있다.

[표 1.4] 물류센터의 업무평가지표

	A사	B사	C사	D사
물류센터평가지표	지표관리	매출액대비 물류비율	물류지표	배송현황
	출고관리	인당생산성	인력효율	재고관리
	재고관리	보관효율	수송효율	OWS(Oder Wating System)
	직송관리	납기 약속준수율	하역효율	일반관리비
	결품관리	직송율	보관효율	
	치중율관리	수출제품 직출하율	서비스	
	인수거절율	선적준수율	수주효율	
	반품율	반출-선적 리드타임	센터효율	

국내에서 물류센터를 운영하는 기업들의 물류업무 평가지표들을 나타낸 것이다. A사는 식품 및 작화를 생산하는 식품업체의 자사 물류업체이며, B사는 전자제품 및 가전제품을 생산하는 제조업체의 물류대행업체이고, C사는 종합식품 및 화학 산업을 운영하는 업체의 물류업무 지표이고, D사는 가전제품을 생산하며 자체물류를 처리하는 업체이다. 기존의 물류평가 지표들은 비용, 생산성, 효율성, 반품율, 결품율, 보관, 재고관리에 서로 비슷한 평가지표들을 사용하고 있음을 볼 수 있다.

물류센터를 평가하는 데는 크게 내적인 요소와 내적인 요소가 있다. 내적인 평가요소로 물류센터의 기능에 따른 평가와 시스템에 따른 평가와 있다. 외적인 평가요소로는 소비자(고객)의 평가와 물류센터를 관할 감독하는 정부부서, 그 외에 타 회사 및 산하기관의 평가가 있다. 이 가운데 물류센터의 물류업무활동에 관련된 평가를 하기 위해 내적 평가요소 중 기능평가와 외적 평가요소 중 소비자의 평가를 물류센터의 직접적인 업무평가요소로 반영하였다.

물류센터의 업무평가요소로 크게 6가지로 구분하였고, 기존 기업의 물류업무 평가에서 발견할 수 없었던 물류센터의 안전성, 유연성, 고객 및 작업자 만족도를 첨가하여 보다 공통화되고, 평이한 평가지표들을 제시하였다. 여섯 가지 평가요소들은 Cost(비용), Operation(설비운영), Quality(성과), Speed(속도), Flexibility(유연성), Safety(안전성)이다. [표 1.5]는 각 지표들을 수식화한 것이다.

① Cost

물류센터의 운영비를 통해 평가하는 요소로 크게 인건비, 운송비, 관리비, 하역비, 재고비를 모두 포함한 총비용 대비 총매출액을 통한 평가지표와 총처리량(박스, 톤) 대비 총비용을 통한 단위당 비용을 물류센터의 가장 일반적인 비용 평가요소로 제시한다. 본 대상의 물류센터에서는 물류를 가공하는 공정을 제외한 순수한 물류(배송)센터만을 고려하여 물류비 중 포장비를 제외하였다.

② Operation

Operation은 물류센터가 갖추고 있는 설비적인 자원의 사용도를 평가한 것으로 물류센터의 입고작업(Receiving)에 속한 물적자원과 인적자원의 생산성과 효율성, 저장작업(Storage)에 속한 물적자원과 인적자원의 정확성과 이용성, 오더피킹(Order picking) 작업에 속한 물적자원과 인적자원의 생산성과 효율성 그리고 정확성, 출고작업(Shipping)에 속한 물적자원과 인적자원의 효율성, 하역기기(material handling system)의 가동성에 관한 정량적 평가를 통해 물류센터가 갖추고 있는 물류관리자원의 성과를 평가한다.

입고작업은 작업의 신속성에 따라 생산성과 효율성이 평가되며, 저장작업은 정확한 재고의 이동파악(장소, 수량, 종류)과 저장시설의 이용을 위해 정확성과 이용성이 평가된다. 오더피킹은 재고의 정확한 이동파악과 신속성에 의해 생산성과 효율성, 정확성이 평가되고, 출고작업은 주문된 제품을 신속한 차량선적과 인력사용에 의해 효율성이 평가된다. 하역기기는 컨베이어와 자동창고 등의 고정 유형 하역 장비를 고려하여 가동성 여부를 평가하였다. 이곳에서 사용된 효율성과 생산성은 주로 량(박스, 톤)과 시간에 의해 구분되었다.

③ Speed

물류센터의 중요 운영평가요소 중의 하나로 속도(speed)의 측면을 제시한다. 물류센터의 작업운영상태를 나타내는 지료들로 재고회전율, 평균배송시간, 재고리드타임, 고객주문 대응시간 등이 있다.

재고회전율은 통해 물류센터가 보유하고 있는 평균재고량을 파악하고, 재고부담의 감소를 유도하고, 재고의 회전을 빠르게 유도하여 물류센터의 재고회전과 처리물량의 증대를 꾀하며, 고객주문 대응시간은 주문이 발생하고 물류센터가 고객에게 재품(재고)을 배송완료하기까지의 주문처리시간을 나타내는 지표이고, 평균배송시간은 출하 후 고객(거래처)에게 주문된 제품을 공급하는 걸린 평균시간을 나타낸 것이다. 고객주문 대응시간은 재고리드타임과 평균배송시간을 합한 시간개념이라고 말할 수 있다.

④ Quality

물류센터 운영상의 질적인 요소는 크게 물류센터의 물류지표와 고객만족도, 작업자 수행도 작업자 만족도 등 4가지로 구분하여 제시할 수 있다.

물류활동의 평가기준이 되어 데이터로 보관되어 평가되는 물류지표와 물류센터 대 고객에 대한 서비스 만족도와 물류센터에서 근무하는 작업자에 대한 작업자의 만족도와 작업자 생산성에 관한 부분을 합하여 물류센터의 질(Quality)적 요인으로 제시한다.

- Logistics Metrics

물류센터의 물류지표들로는 총 처리물량, 물류센터 생산성, 제품 결품율, 제품 반품율, 직송율, 보관효율 등이 있다. 물류센터의 처리물량 산출을 통해 물류센터의 생산성을 작업시간 대비 총처리량으로 구한다. 제품 결품율과 제품 반품율을 파악함으로 물류센터 재고, 제품운영상태를 판단한다. 물류센터의 보관 효율을 파악하여 효율적인 공간사용을 의도하고, 직송율 향상을 통해 업무의 신속함과 효율성을 배가시킨다.

- Employee Performance

작업자 수행도란 물류센터의 인력의 생산성을 비용과 처리량으로 환산하여 적정인력의 투입을 평가하기 위한 평가요소이다.

- Employee Satisfaction

물류센터에서 근무하는 작업자들의 만족도를 물류센터의 평가요소에 개입시키는 것은 운영자의 경영 철학에 따라 판단하여야 할 일이지만 본 연구에서는 주·야로 운영되고, 많은 수작업을 통한 인력을 사용하여야 하는 물류센터의 환경 하에서 작업자의 작업만족도는 물류센터 운영에 지대한 영향을 끼칠 것으로 보아 물류센터의 운영평가요소로 첨가시키려 하였다. 작업자의 만족도는 크게 작업환경에 대한 만족과 개인작업자 당 적당한 인건비에 따라 좌우된다고 보고 작업자의 임금비용, 잔업비용, 개인 당 복리후생비, 휴게 공간, 작업자의 작업난이도, 업무배분율에 따라 정량화되어 진다. 작업자만족도의 가장 평이한 조건으로 평균작업시간과 평균임금율을 제시하지만 이는 기업체마다, 종류에 따라 달리 선정될 수 있을 것이다.

- Customer Satisfaction

고객만족도란 외적 평가요인에 해당되는 것으로, 물류센터에 비추어 고객에 대한 물류센터의 서비스율을 평가하는 지표로서 생각할 수 있다. 현재 물류센터에서 고객만족도로 연결되는 물류지표로는 납기약속 준수율과 착하 불량률을 들고 있다.

고객만족도의 기준을 정확한 제품을 정확한 시간에 배송하는 것에 두고 있음을 알 수 있다. 현재 고객만족도 평가를 위해 정량화된 자료를 제공하는 곳은 없지만 각 사업체 나름대로의 경험에 비추어 그 항목을 제시하고 있다. 그중 가장 일반적인 것으로 납기약속 준수율과 착하불량율을 제시한다.

⑤ Safety

물류센터의 안정성은 물류센터의 운영평가요소로 거론하기보다 물류센터 건설과 운영의 기본충족조건이라 얘기할 수 있다. 선진화 되어가는 물류환경과 조류에 따라 평가요소 가운데 안전성의 평가요소를 거론하여 제시하고자 한다. 그 요소로는 총사고 발생 횟수와 총손해배상비용, 작업별 사고발생 건수 등을 산정함으로 작업장 및 작업자에 개시하여 사고의 방지와 위험 환경에 대한 개선에 목적을 두었다.

⑥ Flexibility

물류센터로 유입되는 각 종의 상품들은 각각 제품포장의 규격과 공통적 기준으로 마련된 바코드(KAN code)를 사용하여 제품을 파악하고, 재고가 관리되며, 분류되고, 배송된다. 하지만 비규격을 따르는 제품 또한 그 종류가 다양하고 국경을 뛰어넘어 국제적인 물류의 이동을 처리해야 하는 지금 밀려들어오는 제품들은 물류센터가 보유한 물류설비의 표준화 기준에 모두 부응하기는 사실상 불가능하다. 따라서 물류센터는 다양한 상품의 유입과 처리에 적절히 대처할 수 있는 물류설비와 인력, 시스템을 갖추어야만 한다. 이를 물류센터의 유연성이라 정의할 수 있다. 물류센터의 유연성을 평가하기 위해선 물류센터의 보관시설, 하역장비, 전문 인력 확보 및 교육, 물류정보시스템(WMS) 등의 내역을 통해 측정할 수 있다.

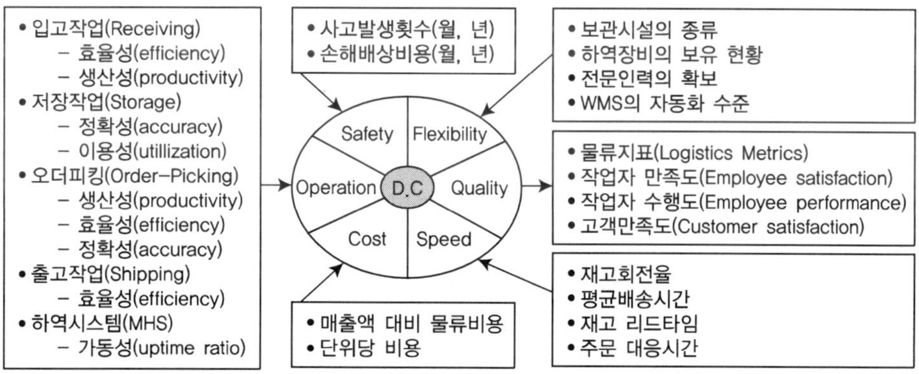

[그림 1.5] 물류센터 운영평가 모델

[표 1.5] 평가지표

평가요소	물류센터 평가사항
cost (비용평가)	▶ 매출액 대비 물류비율 = $\frac{총물류비용}{총매출액}$ ▶ 단위당 비용 = $\frac{총소요비용}{총처리량(박스,톤)}$
Operation (작업평가)	▶ 입고작업(Receiving)
	• 효율성(efficiency) = $\frac{작업시간(actual-time)}{표준시간(standard-time)}$ • 생산성(productivity) = $\frac{총처리량(박스,톤)}{총작업시간}, \frac{총처리량(박스,톤)}{총작업자}$
	▶ 저장작업(Storage)
	• 정확성(accuracy) = $\frac{저장횟수}{저장오류횟수}$ • 이용성(utillization) = $\frac{총비어있는랙의수}{총랙의수}$
	▶ 오더피킹(Order-Picking)
	• 생산성(productivity) = $\frac{총처리량(박스,톤)}{총작업시간}$ • 효율성(efficiency) = $\frac{총작업시간}{계획된작업시간}$ • 정확성(accuracy) = $\frac{총처리된횟수}{총처리오류횟수}$
	▶ 출고작업(Shipping)
	• 효율성(efficiency) = $\frac{총처리량(박스,톤)}{총작업시간}$
	▶ 하역시스템(MHS)
	• 컨베이어 가동성(uptime ratio) = $\frac{가동시간}{정지시간}$ • 자동창고 가동선(uptime ratio) = $\frac{가동시간}{정지시간}$
Speed (속도평가)	▶ 재고회전율 = $\frac{총출고물량(월)}{총입고물량(월)}$ ▶ 평균배송시간 = $\frac{총배송완료시간}{총배송횟수}$ ▶ (제품별)재고 리드타임 = 출고신간 – 입고시간 ▶ 고객주문 대응시간 = 평균배송완료시간 – 고객주문 마감시간

[표 1.6] 물류지표

평가요소	물류지표(Logistics Metrics)
Quality (질 평가)	▸ (월)총 처리물량 = $\frac{\text{총처리량(박스,톤)}}{12}$ ▸ 물류센터 생산성 = $\frac{\text{총처리량(박스,톤)}}{\text{총물류센터작업시간}}$ ▸ 제품 결품율 = $\frac{\text{총부족량(박스,톤)}}{\text{총주문량(박스,톤)}}$ ▸ 제품 반품율 = $\frac{\text{총반품량(박스,톤)}}{\text{총처리량(박스,톤)}}$ ▸ 직송율 = $\frac{\text{총직송량(박스,톤)}}{\text{총출하량(박스,톤)}}$ ▸ 보관효율 = $\frac{\text{평균보관용적}(m^2)}{\text{가용용적}(m^2)}$(월)
	Employee Performance(작업자 수행도)
	• 작업자 생산성(비용) = $\frac{\text{총매출액}}{\text{총작업인수}}$(주) • 작업자 생산성(처리량) = $\frac{\text{총처리량(박스,톤)}}{\text{총작업인수}}$(주)
	Emplyee Satisfaction(작업자 만족도)
	• 평균작업시간 = $\frac{\text{총노동시간(월/개인당)}}{31}$ • 평균임금율 = $\frac{\text{총노동비(월)}}{\text{총작업자수}}$
	Customer Satisfaction(고객 만족도)
	• 납기 약속 준수율 = $\frac{\text{납기준수건수}}{\text{총주문건수}}$(월) • 착하 불량률(인수거절율) = $\frac{\text{착하불량발생량(박스,톤)}}{\text{제품배송량(박스,톤)}}$(월)
Safety (안전성평가)	▸ 총사고발생 횟수(월, 년) ▸ 총손해배상비용(월, 년) ▸ 작업별 사고 발생건수(월, 년)
Flexibility (유연성평가)	▸ 보관시설의 종류 ▸ 하역장비의 보유 현황 ▸ 전문 인력의 확보 ▸ WMS의 자동화 수준

1.1.5 창고의 종류

창고는 창고의 종류, 창고업의 종류 및 보관의 종류 세 가지로 대별할 수가 있는데, 이것을 체계화하면 다음과 같다.

첫째, 창고의 종류는 명칭, 건축 등에 의해 분류된다.

명칭에 의한 분류는 일반적인 창고의 명칭에 의해 분류한 것이고, 건축별 분류는 창고건설에 사용한 건축자재에 의한 구분과 손해보험요율 산정기준에 준거한 화재보험의 등급에 의한 구분으로 구성되어 있다.

둘째, 창고업의 종류는 업태별 분류와 입지조건에 의한 분류로 구성되어 있다. 전자는 업태 중심의 구분이고, 후자는 창고의 입지에 의한 구분이다.

셋째, 보관의 종류에 의한 분류는 통상보관과 특수보관으로 형성되어 있다. 창고의 종류는 창고의 구조기준, 명칭기준, 보관형태기준, 입지기준, 기능기준, 경영기준, 보관품기준, 건축별기준 등으로 구성되어 있다.

[표 1.7] 운영형태에 의한 분류

구분	내용
자가창고	자가 창고는 자기의 물품을 보관하기 위한 창고를 말하며 이에는 공장창고(자재창고, 제품창고), 상업창고 등이 있다. 이들 창고들의 효율을 향상하기 위한 방법 모색으로 창고시설 및 재고관리가 발전하여 입체자동창고가 출현하게 되었다.
영업창고	영업 창고는 다른 사람이 기탁한 물품의 보관을 실시하고 그 대가로 보관료를 받는 기업으로 창고업자로 불린다. 창고업자는 기탁된 물품을 보관계약의 조항에 따라 보관하고 기탁자의 지시에 출고, 이동, 제3자에의 인도 등을 하는 것이 본래의 임무이다. 또한, 창고업자는 기탁자의 요구에 따라 창고증권을 발행하며 창고증권은 기탁물을 대표하는 상거래와 금융의 대상으로 취급한다.
임대창고	영업 창고업자 이외의 기업체 또는 개인이 소유하고 있는 창고를 임대료를 받고 다른 기업체 또는 개인에게 물품을 저장, 보관을 목적으로 제공하는 창고를 말한다. 임대 창고의 목적은 영업 창고업자 이외의 기업 또는 개인이 자기의 사정에 의해 창고를 타 기업 또는 개인에게 임대하여 유효하게 하는데 그 의의가 있다.
리스창고	기업이 보관공간을 리스(lease)하여 운영하게 되면 단기적인 측면에서는 영업 창고를 이용하는 것과 같은 효과가 있다. 그리고 장기적인 측면에서의 효과로는 자가창고를 건설하는 것의 중간적인 선택이 될 수 있다.

(1) 영업용 창고의 종류

영업 창고는 시설기반과 보관물품의 종류에 따라 다음과 같이 분류된다.

① **1급 창고** : 최신형 창고(고무, 섬유, 설탕 등)

② **2급 창고** : 내화 및 방화성능이 떨어지는 창고(사료 및 피혁 등)

③ **3급 창고** : 습도, 환기, 재해방지기능이 떨어지는 창고(유리, 도자기 등)

④ **야적창고** : 항구지역에서 선철, 시멘트, 목재 및 차량 등의 야적장 또는 컨테이너 야적장으로 담, 울타리를 설치하여 화물을 야적으로 보관

⑤ **수면창고** : 하천이나, 해면을 이용하여 저수지를 만들고 이것을 이용하여 목재 등을 보관하는 창고

⑥ **저장조창고** : 사이로(분립체 화물) 및 탱크(액체화물) 등

⑦ **위험물창고** : 위험물(소방법에 의한 위험물과 고압가스 취급법에 의한 고압가스 등)을 보관하는 창고

⑧ **냉장창고** : 냉장창치를 필요로 하는 물품을 보관대상으로 삼는 창고이며 그 종류에는 F급(섭씨 −20도 이하), C1급(섭씨 −10도 이하~20도 미만), C2급(섭씨 −2도 이하~10도 미만), C3급(섭씨 10도 이하~2도 미만)의 4계층의 창고가 있다.

[표 1.8] 영업 창고 요금의 기본구성

<table>
<tr><th colspan="3">구분</th><th colspan="2">내용</th></tr>
<tr><td rowspan="4">보관료</td><td rowspan="2">기본요금</td><td>종가율</td><td>기탁신고 가격에 대하여</td><td rowspan="2">품목별 분류, 3급지 별로 통일정액</td></tr>
<tr><td>종량율</td><td>중량 또는 체적에 대하여</td></tr>
<tr><td colspan="2">할증료</td><td colspan="2">미납세, 위험, 정온장치, 유독, 오손, 미포장이나 불완전 포장 따위의 화물</td></tr>
<tr><td colspan="2">수수료</td><td colspan="2">특별한 사무처리, 창고증권발행 등</td></tr>
<tr><td rowspan="3">하역료</td><td colspan="2">기본요금</td><td colspan="2">품목분류별, 3급지 별로 통일정액</td></tr>
<tr><td colspan="2">할증요금</td><td colspan="2">야간, 휴일, 거대화물하역, 강행하역 등</td></tr>
<tr><td colspan="2">기타요금</td><td colspan="2">특수하역, 양목조정, 짐 고치기, 대기료 등</td></tr>
</table>

[표 1.9] 창고운영형태별 장·단점

구분	장점	단점
자가창고	• 최적의 창고설계가 가능 • 수주·출하의 일관화 기능 • 기계에 의한 성력화 • 노하우의 축적가능 • 충분한 고객서비스가능 • 수주 및 출하의 일관화	• 창고건설에 따른 자금 소요 • 확장성의 제약 • 계절변동에 비탄력적 • 종업원의 고정적 배치로 인건비 및 관리비 부담 • 재고품의 관리소홀
영업창고	• 보관공간이용가능 • 전문적 관리가능 • 설비투자 불필요 • 용이한 입지선정 • 비용지출의 명확화	• 시설변경의 탄력성 희박 • 자사의 특유설비 이용곤란 • 시간이나 시스템의 탄력성 부족 • 치밀한 고객서비스 곤란 • 토털시스템과의 연결이 약하다.
임대창고	• 초기 시설투자가 필요 없다.	• 임차료 지급 원가부담 • 화재사고시 비용부담
리스창고	• 낮은 임대요율로 보관 공간 확보가능 • 임대기간에 따라 임의 사용가능	• 보관장소를 탄력적으로 이동이 불가능

[표 1.10] 입지에 의한 분류

구분	내용
항만창고	부두창고, 항두창고, 임항창고, 보세창고 등
집단화 창고	유통업무단지 등의 유통거점에 집중적으로 입지를 정하고 있는 창고로서 여기에는 공동창고, 집 배송 단지 내 창고, 보관화물 터미널 내 집단창고
터미널창고	주로 트럭 터미널과 버스 터미널 등 일시 보관시설
도시창고	도시형 또는 소비지형 창고로서 백화점 및 슈퍼마켓의 유통 형 창고가 이에 속하며, 때로는 항만창고가 도시창고의 기능을 겸하는 수도 있다. 여기서는 신속한 압출고와 집 배송, 유통가공 요구, 정보처리기능을 겸한 복합기능을 갖은 도시형 배송 센터의 특성을 가져야 한다.
역전창고	화차로 출하하기 위해 일시 대기하는 화물의 보관시설
해외창고	해외물류거점으로서 유통, 보관 및 가공기능을 겸한 해외창고

[표 1.11] 창고 내 형태별 분류

구분	내용
일반 평면창고	바닥이 평면으로 실내 아무런 장치가 없는 창고
자동화 창고	주로 고층 랙 식창고로서 전자제어에 의해 스태커 크레인을 조작함으로써 파렛트의 입출고를 자동적으로 수행하는 가장 현대화된 창고이다. 최근 자동차고의 추세가 고층 랙을 이용한 무인입체 자동창고로 발전되어 가고 있다. 광의로는 스태커크레인의 제어를 수동으로 하거나 반자동 또는 자동으로 행하는 입체자동창고 및 입체 기계화 창고를 총칭한다.
랙창고(Rack Warehouse)	랙 창고는 화물의 입화에서 출하까지 완전 자동화되고 유니트 로드로 처리되는 시스템으로서 중층 랙과 고층 랙으로 구분된다. 랙 창고의 기능은 ㉠ 보관 랙(Storage Rack), ㉡ 보관과 회수장치(Storage and Retrieval Equipment) ㉢ 컴퓨터를 이용한 인 푸트/아웃푸트(In-put / Out-put), ㉣ 제제도(Control System). 이러한 랙 창고의 구조는 강철 구조물로 만들어진 수직·단계 적재형 선반으로 구성되어 있으며, 보통높이가 50~70피트이지만 고층 랙 가운데 120피트나 되는 고층도 있다. 보통 파렛트를 쌓을 때 20피트 정도가 정상적이지만 입체창고의 경우에는 예를 들어 파렛트 4단적 500개, 5단적 1,000개로도 설계하게 된다.

[표 1.12] 기능에 의한 분류

구분	내용
저장창고	창고의 기본적인 기능인 저장보관에 충실한 재래형의 창고이다.
보세창고	관세법에 근거를 두고 세관장의 허가를 얻어 수출입화물을 취급하는 창고를 말하며 수출입 세를 미납한 화물을 보관한다.
유통창고	유통창고는 필요한 제품을 집하하여 필요한 장소에 배송하는 기능을 갖춘 창고를 말한다. 저장창고의 기능이 주로 물품의 보관을 주목적으로 한 것이지만 유통창고는 유동보관을 그 목적으로 한 것이다. 즉, 유통창고는 화물의 흐름 가운데 위치하여 물품이 유동 보관될 수 있도록 창고의 기능과 운송의 기능을 겸비한 것이라 볼 수 있다. 유통창고의 특징은 조립작업, 포장작업, 분류작업 및 유통가공 작업 등을 수행하는 기능을 갖는다는 점이다. 유통창고의 형태에는 단층창고, 2층창고, 다층창고, 입체자동 창고가 있다.

마지막으로 유통창고 및 개별배송센터의 기능을 설명하면 다음과 같다.

- 신속한 배송체제의 확립에 따른 기업의 판매력 강화
- 생산면에서 대량생산에 대응
- 수송면에서 공장으로부터 유통창고에 이르는 사이에 대량 정형적 계획수송이 가능하여 수송비 절감효과
- 유통창고의 고도 정보망을 통해 신속 정확한 재고파악이 가능하며, 또한 과잉 재고의 편재를 방지
- 유통창고의 정비를 통해 도매상의 상류기능과 물류기능의 명확한 분화로 상거래와 관련된 상품의 중복 교체수송을 방지
- 유통창고를 판매거점화 함으로써 제조업체의 직판체제의 확립, 유통경로 단축, 유통의 간소화 및 비용절감 등이 가능

[표 1.13] 창고 구조에 의한 분류

구분	내용
보통(재래식) 창고	일반적으로 재래식 창고로 창고바닥이 평면으로 되어 있고 창고 내부에 아무런 설비도 되어 있지 않아 창고의 합리화, 기계화가 필요한 창고이다.
기계식 창고	랙(Rack) 시설을 하고 지게차 및 크레인 또는 컨베이어 등에 의해서 시스템적으로 기계화된 창고를 말한다.
자동화 창고	• 컴퓨터에 의한 정보시스템과 창고의 하역시스템이 온라인으로 일체화 운영되는 창고이다. • 기계화 창고와 자동창고의 차이점은 정보시스템과 일체화되어 있는가 아닌가라는 점이다. • 제어방식으로는 온라인(ON-LINE)제어방식과 오프라인(OFF-LINE) 제어방식으로 구분된다. • 온라인제어방식은 컴퓨터에 의하여 처리된 입출고 카드 및 테이프 등을 판독장치로 하여금 판독시킴으로서 하역기기를 작동하는 제어방식을 말한다. • 시설규모에 따라 자동창고와 간이 자동화 창고로 구분하기도 한다. 간이 자동화 창고는 기존건물을 개조하여, 적은 투자로 랙을 설치하여 제한적인 자동화 창고의 효과를 볼 수 있다. • 랙의 높이에 따라 저층랙(5m이하), 중층랙(5~15m), 고층랙(15m이상)으로 분류된다.

[표 1.14] 보관 형태에 의한 분류

구분	내용
보통창고	상온(常溫)의 일반적인 창고를 말한다.
저장창고	• 저장이 중심인 탱크시설을 말한다. • 주로 곡물(사일로), 분립체, 액체 등의 보관시설로 부두에 많이 설치되어 있다.
야적창고	노천에 보관하는 옥외창고로써 야적 보관을 위하여 담장, 철책 등을 설치하여 목재, 컨테이너 등을 야적형태로 보관하는 창고를 말한다.
수면창고	• 수면에서 목재 등의 물품을 보관하는 시설을 말한다. • 수면보관의 경우에는 조수 등에 의한 유실을 방지할 수 있는 설비를 갖출 것
냉동 · 냉장창고	• 냉각설비를 갖춘 단열된 건물의 창고(10도 이하)를 말한다. * 냉동 창고 : f급(-20℃이하), c1급(-20℃~-10℃), c2급(-10℃~-20℃), c3급(-2℃~+10℃) * 냉장창고 : 1~10℃
정온창고	공조기 등으로 온도와 습도를 일정하게 조정이 가능한 창고를 말한다(20~20도 정도).
위험물창고	소방법, 도검, 총포, 화약류단속법, 고압가스 취급법, 유해화합물질 관리법 등에 의해 지정된 위험물을 보관하는 창고를 말한다.
간이창고	텐트 등에 의한 간이 구조로 된 창고

[표 1.15] 보관물품에 의한 분류

창고유형	보관물품	물품내용
1급 창고	제1종 물품	제1종 물품, 3종 물품, 4종 물품, 5종 물품, 6종 물품(초장되지 않은 곡물류 제외), 7종 물품 이외의 물품
2급 창고	제2종 물품	밀, 보리, 녹말, 사료, 소금, 야채류, 과실류, 건어물 및 염장어물, 가죽, 비료, 제철류, 기타 금속제품, 시멘트, 석고, 백묵, 석면, 석면제품
3급 창고	제3종 물품	판유리, 유리판, 유기그릇, 도자기, 타일, 질 그릇, 숯, 조개류, 해면류 기타 위의 물품에 유사한 물품
야적 창고	제4종 물품	지금, 선철, 철재, 연관, 연판, 동판, 시멘트 제품, 광물, 흙, 돌, 자동차 및 차량, 목재, 빈 컨테이너, 빈 드럼통, 고철, 깨진 유리, 중고타이어 등 야적이 가능한 것
수면창고	제5종 물품	원목 등 수면보관이 가능한 물품
저장창고	제6종 물품	포장되지 않은 곡류, 분말 또는 액체로 된 물품
위험물창고	제7종 물품	소방법 제2조 규정에 의한 위험물 및 고압가스
냉장창고	제8종 물품	생 농산물, 생축산물, 생수산물 또는 냉동 가공품으로서 10도 이하에서 보관함이 적당한 물품

〈자료〉 교통개발연구원. 「화물수송체계개선에 관한 연구」, 1986,p.41

1.1.6 선반관리업무

선반관리는 수량관리의 기본이다. 이것 없이는 정상적인 창고 내 작업을 기대할 수 없다. 다품종소량시대를 맞이한 오늘날에는 선반관리야말로 창고 내 관리의 기본으로 매우 중요시되고 있다.

- 화물의 움직임(입출고빈도)이 많은 것은 취급하기 용이한 곳에 위치
- 유사품 혹은 관련품은 가능한 한 한 곳에 보관
- 크기(규격), 형상, 중량이 유사한 물품은 가능한 한 한 곳에 보관
- 보관물의 특성에 따라 그에 알맞은 위치에 보관
- 중량물은 낮은 곳에 경량물은 높은 곳에 보관

(1) 보관품을 창고에 배치할 때의 유의사항

- 고회전 물품은 되도록 출고구 가까이에 배치한다. 회전율이 중간 정도인 물품은 그 다음에 배치하고, 회전율이 가장 낮은 물품은 출고구에서 가장 먼 장소에 배치한다.
- 이를 위해서는 IQ품목(품목과 수량 또는 건수)곡선을 작성하여 보관할 물품을 ABC로 구분한다.
- 자동창고의 경우에는 크레인의 고장으로 인해 실질적인 입출고가 불가능한 곳이 발생할 수 있다. 이런 상황을 대비하여 모든 레인 혹은 복수의 상이한 레인에서 모든 물품을 출하할 수 있도록 한다.
- 물품의 보충 혹은 피킹이 용이한 시스템이 될 수 있도록 유의한다. 예를 들어 수작업으로 물품을 격납, 추출하는 경우에는 주력품을 허리 높이에 배치한다.
- 회전율 변화에 상응하여 그 보관 장소를 바꾼다.
- 높게 쌓는다.
- 통로변에 보관한다.
- 피킹 분포에 따라 보관한다.

이상과 같은 사항을 선반관리의 기본으로 삼는 것이 선반관리의 첫 단계이다.

(2) 선반관리의 기본

창고 내 품목배치의 기본은 선반번호를 확립하는 일이다. 선반번호는 말하자면 선반의 주소라고 할 수 있다. 일반적인 선반번호 표시방법에 대해서는 다른 장에서 구체적으로 살피도록 한다.

(3) 랙관리

랙의 사전적 의미를 살펴보면 선반 특히 자동창고에서 제품 또는 부품을 정리해 넣는 장소를 말하는데 랙(Rack)은 메이커가 많고 메이커마다 각각 새로운 아이디어가 달라서 형식도 매우 많다. 굳이 랙을 본질적인 특성으로 분류한다고 하면 사무기기 메이커의 분야에서 성장한 것과 건축 또는 운반기기 메이커의 분야에서 상품으로 개발된 것으로 크게 나눌 수가 있으며 각기 나름대로 어울려 특징을 가지고 있다.

전자는 사무기기의 분야에서 성장한 것으로 서류 작은 부품 등의 보관에 꼭 알맞은 것이 많다. 간단한 조립방식으로 비품으로서의 방법에 의해서 레이아웃 변경이 용이하도록 설계된 것에 비해서 후자의 하역 전문업 메이커가 개발한 것은 중2층이나 지게차와 맞춘 중량물 보관의 목적에서 양산공장의 생산라인 사이드에 있어서의 공급부품과의 관련이나 전용의 하역운반기계까지 고려되어 그러한 설비로서의 구조나 기초공사를 충분히 고려한 것으로 되어 있다는 것이다.

- 한정된 예산으로 수용효율을 향상시키려고 하역작업이 계획과 같이 추진되지 않는 레이아웃을 실시하여 트러블이 생기는 경우
- 랙 설비 후 어느 기간이 지나면 예외 없이 당초 계획량을 오버해서 보관을 강행하는 사태가 발생한다.
- 랙의 능력을 초월한 보관에 의해서 랙에 파손, 찌그러짐, 결합부분에 이상이 생긴다.
- 입출고 작업 시에 랙이 흔들려서 위험을 느낀다.
- 보관량이 감소되었을 때 레이아웃을 변경하는 것과 다른 곳으로의 전용이 잘 안된다.
- 결합부분의 찌그러짐이나 부품부족에 의해서 일단 분해하면 재조립이 완전하게 되지 않는다. 사용된다 해도 최초와 같이 정연하게 레이아웃을 짤 수가 없다.

면밀한 계획에 의해서 이상적인 레이아웃을 만들어 모든 작업을 표준화하려는 랙 설비를 도입한 경우는 다음과 같다.

- 이상적인 레이아웃에는 반드시 여유가 있어야 한다. 모든 설비로 묶어버려서 그

흐름에 따르지 않으면 안 되는 설비로는 유연성이 결여되어 핸들링의 효율저하를 초래한다.

- 기업은 모든 것을 예외 없이 계획과 같이 실행하게 되는 것은 아니다. 그렇다고 해서 미결정 요소를 많이 남기면 추가 설비의 비용이 비싸게 된다.
- 인간성을 무시한 설비만능시스템은 노무대책에 각별한 배려가 필요하게 된다.

계획의 미완성 예산부족 기급대책 등에 의해서 보관설비를 임시로 설치하려는 경우는 다음과 같다.

- 장래 증설한 분을 동시에 계획하여 전체 완성 시를 생각해 놓는 것이 필요하다.
- 도입하는 설비의 증설 · 변경 등에 의해서 당초계획의 방침과 사상을 근본부터 바꾸지 않도록 배려하는 것이 중요하다.
- 긴급대책으로서의 증설은 전체 계획의 일부인지, 긴급사태 종료 후는 잉여설비로서 철거한 것인지, 전체 레이아웃에 포함할 것인지를 생각해 놓아야 한다.
- 전 계획의 완성을 서둘지 않고 오히려 계획 완성시의 모습을 관계 거래선에 PR해서 협력을 요구하는 것도 필요하다.

(4) 랙 관리의 3방법

일반적으로 랙 관리의 방법에는 프리 로케이션, 존드 프리 로케이션 및 픽스트 로케이션의 3가지 방법이 있는데 이 중에서 뒤 두 가지 방법이 일반적으로 널리 이용되고 있는 방법이며 프리 로케이션, 존드 프리 로케이션은 컴퓨터로 관리되고 있는 경우가 많으며 픽스트 로케이션의 경우에는 수작업으로 관리되고 있는 경우가 대부분이다.

- **프리 로케이션(Free Location)**

  프리 로케이션이란 보관 품목과 보관 랙의 장소를 대응시키지 아니하고 보관 품목을 그 특성에 따라 최적하다고 생각되는 장소에 보관하는 방법으로서 자동화 창고 능의 시스템에 사용되고 있다. 시스템은 컴퓨터로 관리한다.

- **존드 프리 로케이션(Zone Location, Joint Free Location)**

  이 방식은 일정 범위를 한정하여 품목군의 보관구역을 정해 두는데 그 범위 내에서는 프리 로케이션을 적용하는 방법으로서 널리 일반적으로 사용하고 있는 랙 관리의 방법이다. 주로 컴퓨터로 제어되는 입체자동창고에서 이 방법을 채용하고 있다(일종의 절충식 방법).

• **픽스트 로케이션(Fixed Location)**

이 방법은 고정 랙 번호방식이라고도 불리며 랙 번호마다에 품목을 대응시켜서 보관하는 방법으로서 이 방식은 수작업 방식이 많이 사용되고 있다.

(5) 보관용 기구

보관용 기구의 종류는 많고 또 기술진보도 현저하다. 따라서 기구의 라이프사이클도 짧아지고 있다. 여기서는 보관용 기기의 대표적인 것에 대해 간략하게 언급해 보기로 한다.

• **평적**

평적은 가장 일반적인 방법으로서 특별한 설비가 필요치 않다. 보관품을 마루에 쌓기만 하면 되는 방법이지만 파렛트를 이용하는 경우에는 높이 쌓기가 가능하게 된다.

• **메저닝(중2층)**

천정이 높은 단층창고 등의 경우 현재 사용하고 있는 높이에서 천정까지의 사이를 이용하기 위해 메저닝을 설치하여 보관장소로 한다. 작은 물품의 보관장소로 유용하다.

• **적층 랙**

선반을 다층식으로 겹쳐 쌓은 랙을 말하며 입체적이고 공간 이용이 큰 것이 특징이다.

• **플로우 랙**

소품종 대량의 상품을 파렛트 단위로 보관하는데 적합하다. 입체형이며 랙의 격납부분에 롤러 컨베이어, 호일 컨베이어 또는 레일 등을 달아 전체가 비스듬히 기울어지게 만들어 랙의 한 쪽에서 보관품을 넣으면 동력에 의해 출구까지 자동적으로 미끄러져 꺼내는 곳에서 멎게 되어 있는 장치이다.

• **고층 랙**

주로 적층 랙을 고층화하고 입체화한 것을 파렛트 보관, 골판지보관, 이송용 상자에 의한 보관이 일반적이다. 고층랙은 크레인의 통로, 선반의 스페이스, 파렛트 상의 물품의 용적 등 낭비되는 공간을 고려하면 실용적 비율은 창고 전체의 30%정도까지 떨어진다. 따라서 고층 입체창고의 경우에는 회전율을 높이지 않으면 안된다.

- **카르셀 형(회전 랙)**

카르셀이란 순환 또는 회전을 의미하며, 카르셀 형 랙이란 피킹 측을 고정하여 보관선반 자체를 순환, 이동시키는 랙 형식을 말한다.

- **드라이브 인 랙**

랙에 포크리프트를 진입시켜서 격납 출고를 행한다. 안쪽 상단부터 차례로 넣고 꺼낼 때에는 가까이의 하단부터 행한다. 즉 선입선출로 되어 있다. 소품종 대량이고 겹으로 쌓을 수 없는 상품에 적합하다.

- **파렛트 랙**

포크리프트를 사용하여 파렛트를 쌓아 보관한다.

- **암 랙(Arm Rack)**

철봉, 건재의 기둥 따위와 같이 길이가 큰 물품을 보관하는 랙이며, 자동화되어 있는 시스템도 있다.

- **발레캐리**

돌리(대차)에 의해 물품을 격납·추출하는 다층다단 랙을 말한다.

1.1.7 국내 물류센터 운영 현황

(1) 지역별 물류센터 분포현황

국내에서 운영 중에 있는 물류센터를 권역별로 구분해 보면, 수도권 67.3%, 부산권 12.3%, 울산경남권 7.4%, 충청권 5.5%, 대구경북권 3.1%, 호남권 3.0%, 강원제주권 1.4%로 구성되어 있다.

대부분의 물류센터가 수도권에 집중되어 있고, 그 다음으로 부산권, 울산경남권, 충청권 등의 순으로 조사되었다.

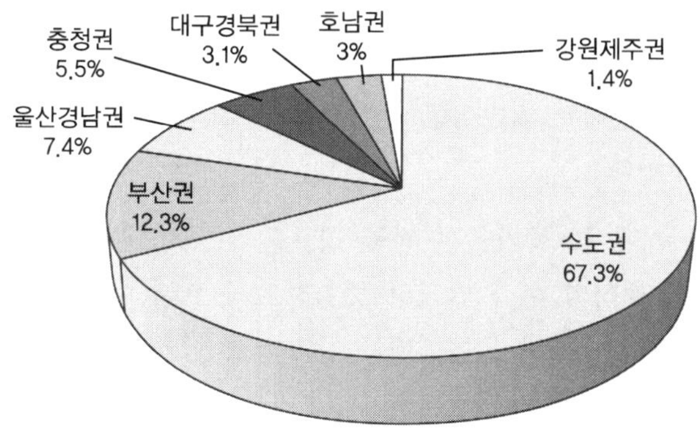

[그림 1.6] 권역별 물류센터 분포 현황

물류센터를 용도별로 보면 일반상온물류센터가 73.5%, 냉동·냉장물류센터 24.1%, 위험물센터 2.4%로 일반상온물류센터가 냉동·냉장물류센터보다 약 3배 정도 더 많이 분포되어 있다.

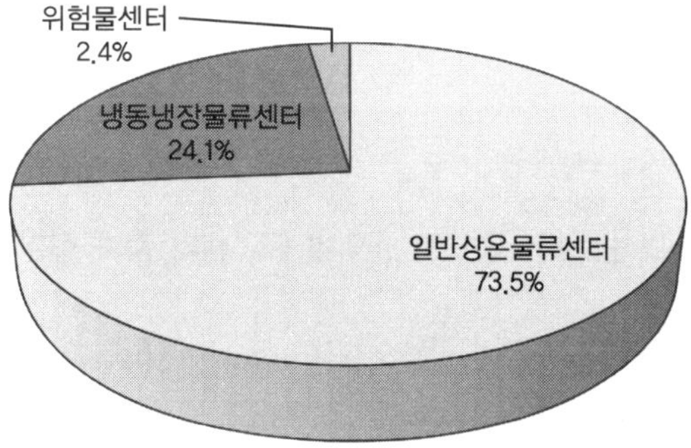

[그림 1.7] 물류센터별 용도 현황

일반상온물류센터는 수도권(75.1%)에 집중되어 여타 지역과 큰 차를 보이고 있으며 전국 물류센터의 대부분을 차지하는 수도권의 물류센터를 시·도별로 보면 경기 75.1%, 인천 15.2%, 서울 9.7%로 경기지역에 편중되어 있다. 이는 경기지역이 수도권에 대한 접근성이 좋고 상대적으로 지가가 낮아 물류센터로 최적의 입지의 특성을 가지고 있기 때문이다.

(2) 지역별 물류센터 시설규모 현황

물류센터별 평균 시설규모를 보면 보관면적 8,179㎡, 대지면적 15,763㎡, 건축면적 5,128㎡, 건축연면적 9,045㎡, 야적장면적 9,173㎡으로 구성되어 있다.

권역별 평균보관면적은 부산권(9,774㎡), 수도권(8,710㎡)이 타지역보다 크며, 용도별 평균보관면적은 일반상온물류센터 8,071㎡, 냉동냉장물류센터 9,049㎡, 위험물 물류센터 2,782㎡로 냉동냉장물류센터의 보관면적이 일반상온 물류센터보다 크며, 이는 냉동냉장 물류센터가 일반상온 물류센터와 달리 용적률을 이용한 고층구조로 구성되어 있기 때문이다.

1990~2005년 기간 중 증가율은 전국 평균은 511%인데 반해 수도권은 730%로 수도권중심으로 물류센터의 수가 급격히 증가하고 있으며 이는 수도권지역의 효율적인 물류서비스를 수행하기 위해 물류센터가 증가되고 있다.

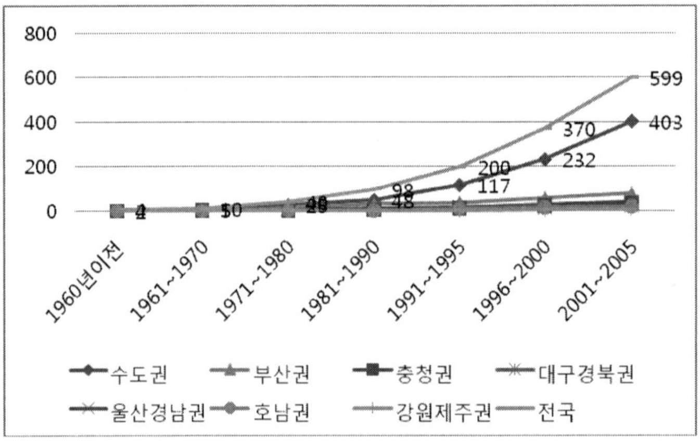

[그림 1.8] 연도별 권역별 물류센터 증가 현황

연도별 보관면적 현황을 보면 1960년 4,728㎡, 1970년 7,702㎡, 1980년 6,454㎡, 1990년 8,857㎡, 2000년 8,279㎡, 2005년 8,028㎡로 커다란 변화는 없고, 권역별로는 물류수요가 많은 수도권 및 부산권이 타 지역에 비해 보관면적이 크다.

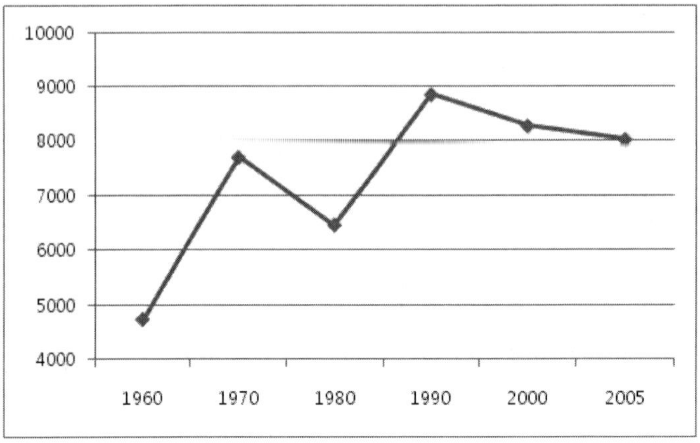

[그림 1.9] 연보별 물류센터 보관면적 추이

(3) 물류센터 운영 현황

물류센터의 자본금 규모는 평균적으로 자본금 1억 원 이하 17.3%, 1억 원~5억 원 32.3%, 5억 원~10억 원 17.1%, 10억 원~50억 원 22.9%, 50억 원~100억 원 5.1%, 100억 원 이상 5.3% 차지하고 있다.

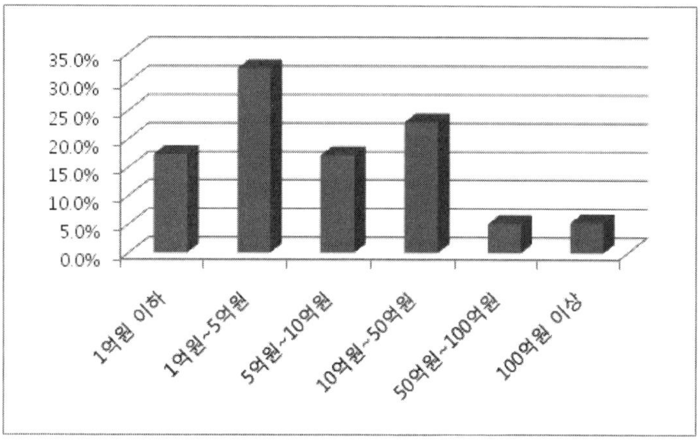

그림 [1.10] 물류센터 운영 자본금 규모 현황

물류센터의 매출액은 평균적으로 10~50억 원 41.8%, 100억 원 이상 20.6%를 차지하고 있다.

물류센터의 종업원 수는 평균적으로 물류센터별로 20인 이내가 59.7%를 차지하는 가운데 10~20인 25.2% 및 20~50인 23.8%의 비중을 차지하고 있다.

일반상온물류센터의 입지는 고속도로 77.3%, 항만 20.2%, 공항 1.9%, 철도 0.6%로서 공항, 철도, 항만 및 인접 IC와의 거리는 1km이내 22.1%, 5km이내 46.6%, 10km이내 26.5%, 10km이상 4.8%로 대부분 고속도로에 입지하고 그 거리는 5km이내에 위치하고 있어 교통여건이 원활한 곳에 위치하고 있다.

일반상온 물류센터의 평균 규모는 대지면적 18,105㎡, 건축면적 5,536㎡, 건축연면적 8,725㎡, 보관면적 8,071㎡, 야적장 8,606㎡로 건폐율 30.6%, 용적률 48.2%로 나타내고 있다.

수도권지역은 대지면적 19,922㎡, 건축면적 5,898㎡, 건축연면적 9,718㎡로 전국 평균보다 크고 이는 물류센터가 수도권으로 집중되면서 물류수요에 따라 대형화로 건설되었기 때문이다.

일반상온물류센터의 설비보유현황을 보면 유통가공설비 9.8%, 정보시스템 운영

59.9%, 분류시설 15.8%, 화물용승강기 28.2%, 지게차 78.6%, 랙설비 52.2% 등으로 구축되어 운영 중에 있다.

아울러 최근에 건립되는 물류센터일수록 물류서비스 강화를 위해 시설의 정보화, 기계화, 현대화에 치중하고 있다.

주요 취급품목을 섬유/의복, 음식료품, 도소매/유통, 조립금속, 원자재, 가죽/신발, 화학/플라스틱, 종이/인쇄, 농·축·수산물, 기계/장비, 목재/가구, 철강, 비금속/유리 등을 취급하고 있으며 섬유/의복, 음식료품, 도소매/유통 관련 품목이 상대적으로 많이 취급하고 있다.

일반상온물류센터 이용률은 전국 평균 88%로, 지역별로는 대구경북권(92%), 호남권(90%), 수도권(89%)이 전국 평균 이상을, 충청권(80%), 부산권(76%), 울산경남권(75%)은 그 이하를 보이고 있다.

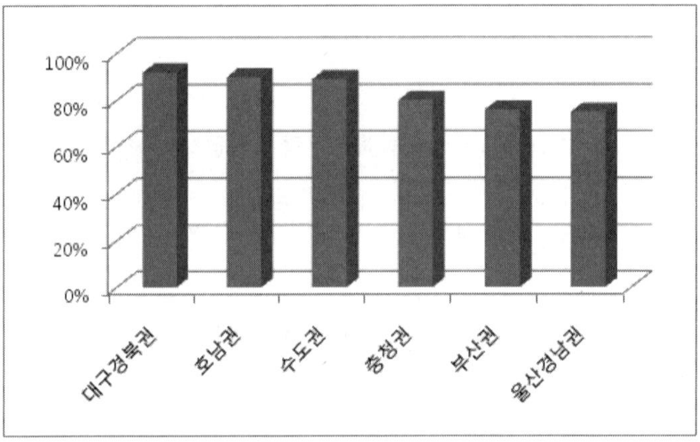

[그림 1.11] 지역별 일반상온물류센터 이용률

일반상온물류센터의 일평균 종사자수는 전국 평균 36명으로 수도권 (41명), 충청권 (31명), 울산 경남권 (24명), 호남권 (22명), 강원 제주권 (17명), 부산권 (12명), 대구 경북권 (11명)의 순이다.

현재 물류센터는 기존 물류센터가 수행하던 보관, 배송, 재고관리의 기능뿐만 아니라 포장, 조립/가공, 판매, 전시, 마케팅 등 여러 기능이 통합되어 다양한 기능을 창출하는 종합적인 물류시설로 발전하고 있다. 물류센터의 역할은 공급과 수요관리 영역의 기능을 필요에 따라서 수행하게 될 것이며 이것은 물류센터의 전통적인 역할 외에 추가적인 역할을 요구하게 될 것이며, 이를 통해서 물류센터에서는 보다 많은 부가가치활동을 수행하게 될 것이다.

그러나 이와 같은 물류센터의 부가가치가 창출되기 위해서는 기업의 공급망 관리 프로세스 상에서 공급관리, 물류센터, 수요관리 영역의 핵심활동과 하위활동을 고려한 전체 공급망의 전략수립이 선행되어야 할 것이다.

전체 공급망의 재고량과 고객 서비스 등의 수준을 결정하고 이에 적합한 공급망이 구축된 후 물류센터에서 수행할 수 있는 핵심활동과 하위활동에 대한 분석을 통해 부가가치 활동을 수행할 수 있을 것이다.

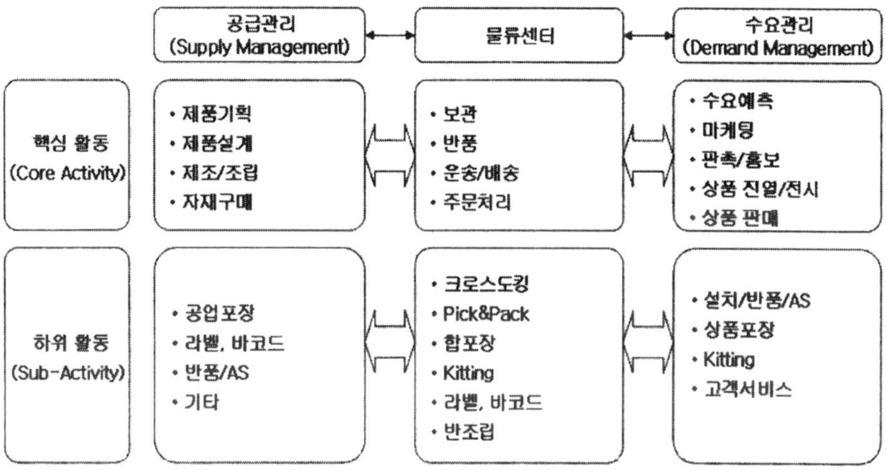

[그림 1.12] 물류센터의 기능 및 역할의 확장 형태

전체 공급망에서 많은 부가가치를 창출할 수 있는 물류센터의 부각되는 역할을 [표 1.16]과 같이 정리할 수 있다. 물류센터는 고객의 요구사항에 적합하게 추가적인 서비스를 제공할 수 있는 장소이며, 전체 공급망에서 발생하는 상물·고객 등의 정보를 관리하고 가공하여 관련 주체들에게 공유할 수 있는 역할을 수행할 수 있다.

이것은 공급망에서 발생할 수 있는 채찍효과(Bullwhip Effect)를 줄임과 동시에 서비스의 질을 높일 수 있고 또한 점포나 대리점에서 발생되는 제품과 관련된 문제점을 신속하게 대응할 수 있으며, 고객이 원하는 부가적인 서비스를 제공할 수 있다. 이와 같은 물류센터의 부각되는 역할은 전체 공급망을 구축하는 단계에서 공급관리와 수요관리를 고려한 전략을 통해서 원활하게 수행될 수 있다.

[표 1.16] 물류센터의 주요 역할

구 분	내 용
Flexibility Provider (유연성을 지닌 공급자)	제품이 한번 제조라인에서 벗어나게 되면, 그 후 발생하게 되는 추가 작업은 유연하고 공개된 장소에서만 행해지며, 그 작업이 이뤄지는 곳이 물류센터임
Knowledge Center (지식센터)	물류센터의 가장 큰 경쟁력은 일반적인 제품과 운송, 저장, 고객 등에 대한 축적된 지식을 최대한 활용할 수 있는 곳임 · 공정 개선 정보(Process Improvements Information) · 비용에 대한 정보 · 교육자(Educator)
Supply Chain Coordinator (공급망 조정자)	공급망에서 가장 뛰어난 관리자는 다양한 상황을 예측을 할 수 있고 다양한 종류의 정보를 취합할 수 있는 능력자임
Marketing Support (마케팅 지원)	정보 유입로(Informaion Conduit) 판매자의 판매팀원이 되기(Part of Seller's Sale Team) · 뛰어난 물류센터를 방문하는 것도 고객의 신뢰를 구축할 수 있는 중요한 동기임 총괄 서비스 제공의 일부(Part of Overall Service Offering)

1.2 3PL 물류업체 운영 WMS(Warehouse Management System)

WMS 구성도와 시스템 특징은 다음과 같다.

(1) 구성도

- 현장작업자를 위한 RF 시스템
- 업무 담당자를 위한 업무 시스템
- 의사결정권자를 위한 VMS

(2) 시스템의 특징

- **Speed와 정확성**
  - RF 작업을 통한 현장과 사무실간의 Real-Time Data 지원
  - 업무 담당자를 위한 업무 시스템
  - 의사결정권자를 위한 VMS
- **효율과 비용절감**
  - 전문적인 창고관리로 고객에게 저비용·고품질의 서비스 제공

- 운영 프로세스 및 자원관리의 최적화
- 창고 물류 흐름에 대한 통계자료 Report 제공
- 상품의 보관위치를 기억할 필요 없는 생산적인 작업환경 지원
- 상시 재고조사 기능 지원

- Value Added
  - 유통가공 작업지원
  - Cross Docking 작업지원
  - 소분작업 및 검수작업 지원
  - 실적 통계/지표관리, KPI 관리 기능제공

(3) WMS 운영시 효과

- 실물과 정보의 일치화를 통한 정보의 Visibility Management
- Location 관리를 통한 보관면적의 효율성 극대화
- 보충 및 피킹 작업의 효율적 수행
- 다른 물류시스템과의 효율적인 Interface → Visualizer & VMS 등

(4) WMS 입출고 및 재고관리

- **입고/적치**
  - ASN(입고예정 정보)에 의한 입고 및 작업 스케줄링
  - RF 입고를 통한 입고오류 방지 및 실시간 DATA 반영
  - RF 적치를 통한 완벽한 로케이션 관리
- **재고관리**
  - 재고관리 엔지니어에 의한 모든 입출고 이동에 대한 완벽한 재고관리
  - RF 활용을 통한 재고변동에 대한 실시간 재고관리
- **주문접수**
  - 고객사 주문 접수 및 수신

- **할당/피킹 작업**
  - 보유재고를 기준한 주문별 재고 할당 작업
  - RF를 통한 피킹 작업으로 피킹 오류 최소화
- **상차/출고**
  - 출고 현황 모니터링을 통한 출고 실적 관제, 효과적 출고작업 수행
  - 다양한 유형의 출고실적분석 기능 활용한 실적관리
- **통계/지표관리**
  - 입고, 출고 실적에 대한 통계/지표 관리
  - KPI 관리를 위한 각종 기능 제공, 그래프 및 엑셀 자료 생성

1.2.1 WMS의 개념

굳이 번역하여 부르자면 "창고관리시스템"이라고 부를 수 있을 것이다. 그러나 이러한 물류 정보화시스템이 단순히 창고 내에서 이루어지는 재고관리만을 위한 것은 아니다.

WMS의 목적은 창고 내에서 이루어지는 모든 활동 "오더와 상품의 흐름에 대한 제어, 입고와 피킹에 대한 최적화, 창고 공간 효율성 최적화, 장비와 인적자원에 대한 최적화, 물류 흐름 상의 정보에 대한 실시간 제공 등을 지원하는데 있다." 즉, 창고에서 이루어지는 모든 내용을 DB화하여 필요한 모든 곳에 필요한 정보를 실시간으로 제공하며, 그 정보를 이용하여 기업은 원활한 기업 활동을 위한 신속한 의사 결정을 할 수 있도록 하는데 의미가 있다.

말 그대로 창고를 어떻게 Management할 것인가에 대한 창고 경영방안을 제시하기 위한 과정인 것이다.

국내 물류 정보화 수준은 이제 걸음마 단계라 할 수 있는데 현재 국내 기업들이 ERP(Enterprise Resource Planing), SCM(Supply Chain Management)등의 솔루션도입을 고민하고 있을 정도이며 그 중 창고 물류분야는 선진적인 일부업체를 제외하고는 DB를 이용한 재고관리 수준에서 벗어나지 못하고 있다.

이러한 창고 내의 물류정보화의 전진시스템을 도입하려는 것이 바로 WMS 프로그램이다.

(1) WMS도입배경

① 가장 먼저 필요한 부분은 창고에 대한 개념의 변화

많은 기업들이 아직도 창고를 단지 화물을 보관하는 저장소 이상으로 바라보지 못하고 있다. 창고를 공장에서 생산된 상품이 소비자 또는 도소매상으로 전달되기 전에 잠시 화물이 머무는 정도의 모습으로 바라보기에 창고가 기업의 이윤의 창출하는 곳이라고 생각하지 않는 것이다.

이러한 창고의 개념이 선진 창고물류에 대한 진지한 고민을 해왔던 기업을 중심으로 몇 년 전부터 서서히 바뀌기 시작하고 있다. 그동안 자신들의 상황에 맞는 하드웨어 시스템(여러 형태의 storage system)을 통하여 창고물류를 해결하고자 했던 추세에서 이제는 창고를 경영의 한 부분으로 고려하고 하드웨어 시스템과 소프트웨어 시스템이 혼합된 최적의 창고운영으로 cost saving을 통한 이윤창출의 극대화에 대하여 고민하고 있기 때문이다.

② 기업의 정보화 시스템

얼마 전까지 기업들은 ERP시스템의 도입이 대세라고 이야기했으며 정부 또한 기업들의 ERP시스템 도입에 적극 지원하고 있는 것이 사실이다. 그리고 현재 선진기업들이 이제 ERP를 넘어 SCM시스템의 도입을 언급하고 있다.

물론 상기의 두 시스템이 서로 다른 영역을 구축하고 있는 것이 아니다. ERP는 기업의 경영활동을 위해 필요한 여러 영역들 재무·회계·구매·생산·자재·영업 등 기존에 분리 독립적으로 실행되는 영역들을 통합하여 하나의 흐름으로 데이터를 처리하는 실행 시스템이다.

ERP가 기업 내의 자원들을 관리하는데 반해 SCM은 그 범위를 공급자의 공급자, 고객의 고객까지 넓혀서 기업경영 활동을 지원하는 의사결정시스템이다. SCM은 ERP 시스템에 지능적인 부분을 결합하였다고 할 수도 있다.

SCM은 원재료의 수급에서 상품이 고객에게 전달되는 과정에서 발생하는 모든 자원과 정보에 대한 흐름을 관리하는 시스템이라고 할 수 있는 것이다. ERP와 SCM은 기업 내에 존재하는 전체 IT의 한 부분을 이루는 조각들이다. 이들은 맞물려 돌아가면서 시너지 효과를 창출할 수 있다.

따라서 이들은 서로 분리시켜 바라보거나 어떤 것이 다른 것의 위에 있다는 식의 종속적인 관계로 이해하는 것은 지양해야 한다. 제조업의 물류센터 운영과 관련된 정보화 부분도 마찬가지이다. 상기와 같이 기업의 생산성 향상에 대한 관심이 높아짐에 따라 기업의 물류환경에 대한 관심도 또한 높아져야 한다.

③ 상품에 대한 정보를 고객에게 실시간으로 제공

고객의 기업에 대한 신뢰도와 직접적으로 연관되어 진다. 소비자가 원하는 물품을 직접 확인하고 재고여부 몇 배송 관련된 정보를 얻음으로써 자신의 구내 행위에 대한 기업의 서비스 행위도 직접 느낄 수 있으며 이것은 기업과 쌍방향 커뮤니케이션이 이루어질 수 있는 인프라가 구축되는 것이다.

여부 및 배송과 관련된 정보를 얻음으로써 자신의 구매행위에 대한 기업의 서비스 행위를 직접 느낄 수 있으며 이것은 기업과 쌍방향 커뮤니케이션이 이루어질 수 있는 인프라가 구축되는 것이다.

④ 상품이 재고율을 적정상태에서 유지

상품 및 원자재의 정확한 수량을 파악함으로써 생산을 제어하고 불필요한 원자재의 구입을 사전에 예방할 수 있으며 고객의 요구에 맞추어 언제든 필요한 상품을 고객이 원하는 곳에 원하는 시간에 배송할 수 있는 시스템을 구축하게 되는 것이다.

⑤ 입고와 피킹에 소요되는 시간 및 인적자원을 절감하여 물류 흐름을 가속화

이전까지 매뉴얼로 이루어지던 과정을 디지털화함으로써 입고과정에서 발생할 수 있는 오류를 사전에 예방하고 화물이 입고됨과 동시에 화물의 위치를 파악할 수 있다. 또한 정확한 파킹 작업을 통해 정확한 배송이 이루어질 수 있고 피킹에 필요한 시간과 작업인원을 혁신적으로 줄일 수 있을 것이다.

⑥ 창고 효율성의 증가

화물의 위치를 프리로케이션으로 관리할 수 있기 때문에 창고의 어떤 곳에 상품을 저장하여도 누구나 쉽게 화물을 관리할 수 있다. 이것은 창고의 공간 효율을 증대시켜 한정된 공간에 더 많은 화물을 보관할 수 있게 된다.

⑦ 업무량의 감소

기존 창고에서 이루어지던 화물의 재고 파악과 피킹에 관련된 업무량을 혁신적으로 감소시켜 업무효율을 높임과 동시에 인건비 절감효과를 가져올 수 있다.

⑧ Paperless 작업

입고와 출고에 관련된 작업에 수행되었던 모든 서류들이 바코드 및 PDA 단말기로 대신함으로써 서류를 일일이 확인하던 서류작업을 사라지게 할 것이다.

이렇듯 창고 내에서 이루어지던 모든 물류작업의 데이터(상품의 입고와 출고 및 배송과 관련된 데이터)를 실시간으로 제공함으로써 기업은 생산과 판매, 고객 서비스의 모든 부분에 대한 신속한 의사결정이 가능하며 이것이 기업의 경쟁력을 높일 수 있을 것이다.

이러한 창고물류의 중심에 바로 WMS가 있는 것이다.

각 기업들이 도입을 검토하고 있는 정보화 시스템은 저마다 조금씩 그 의미가 다르지만 기업이 그 시스템을 도입하면서 얻고자 하는 바는 같다.

공급·제조·유통·물류·고객에 이르는 기업 활동과 관련된 모든 정보와 물자 흐름을 하나의 흐름으로 통합관리 하는 것이다. 이를 통해 필요한 제품을 생산, 유통, 판매하여 경쟁우위를 확보하려는 전략이다.

이와 같이 고객의 요구에 부응하기 위해서는 적절한 생산과 원자재의 확보, 완제품의 적절한 재고수량 유지와 정확한 배송시스템이 관건이다.

바로 이러한 완벽한 흐름을 위해 원자재와 상품에 대한 정확한 파악과 관리는 필수적인 것이며 그 기능을 창고가 해내기 위해서는 각 기업들의 WMS시스템 도입은 필수적인 환경이 되어야 한다.

정보 인프라 구축으로 소비자는 원하는 상품에 대한 더 많은 정보를 얻을 수 있고 소비자의 이러한 변화는 기업의 생산 활동을 변화시키고 있다. 이전까지 기업들은 각종 매체와 광고를 통해 자신들의 상품을 홍보해왔다.

그러나 이런 단방향적인 기업 활동이 이제는 소비자와의 원활한 교감을 나눌 수밖에 없는 쌍방향으로 변해가고 있다.

소비자가 원하는 상품을 적시에 생산, 배송하여 소비자를 만족시키지 못하는 기업들은 경쟁에서 뒤떨어질 수밖에 없는 것이다. 원활한 공급과 생산, 정확한 상품의 관리와 배송은 이제 기업의 사활이 걸린 문제가 되고 있는 것이다.

(2) WMS의 발전과정

WMS의 발전과정은 1985년 이전, 1986년~1995년, 1996년 이후의 3단계로 구분할 수 있다. 일반적으로 1985년 이전까지는 개발되어 급여계산, 재무, 회계, 생산 판매관리 등이 컴퓨터화 된 시기이다.

창고 내의 상품관리는 창고전표가 중심이었고, 상품과 창고전표를 기준으로 하여 입고와 출고를 관리하였다. 상품의 피킹은, 납품전표에 의하여 행하여지고 경험이 풍부한 창고작업자가 상품명을 보고서 피킹하게 된다.

1980년부터 토요타자동차의 간판방식, 미국에서는 MRP가 도입되어 물류가 중요시 되었고 그 후에는 로지스틱스라는 용어가 사용하게 되었다. 물론, 기존 범용컴퓨터는 고가격이기에 이보다 저렴한 오프컴(오피스컴퓨터)이 개발되어 생산, 판매, 물류를 중심으로 한 정보화가 진점됨에 따라 창고 내의 상품관리도 기존의 전표방식에서 오프컴을 사용한 로케이션관리가 행하여지게 되었다.

여기서 로케이션관리는 범용컴퓨터의 재고정보와 상품을 일치시키는 것을 목적으로 사용되었고, 로케이션관리에 의한 인건비삭감 및 피킹 효율, 보관효율의 향상 등 다양한 효과를 얻을 수 있었다.

한편, 이 시기에는 통신비용이 비싸고, OS의 시계 표준화가 진행되고 있지 않은 상황이기에 상류용의 범용컴퓨터와 물류용의 오피스컴퓨터의 커뮤니케이션은 자기테이프와 프로핏을 매체로 하여 처리가 이루어졌다.

1996년 이후는, OS의 세계표준화와 더불어 컴퓨터의 보급이 급진적으로 증가함에 따라 저가격이 실현되었고, 통신의 자유화가 물류를 SCM이라고 하는 물류시스템에까지 발전시켰다고 할 수 있다. SCM은 조달물류에서 최종소비자에게 이르기까지 가능하면 물류재고를 제로상태로 하기 위한 것이 목적이기에, 종래의 창고기능도 보관형태(DC형)에서 통과형태(TC형)로 전환할 중요성이 증가하게 되었다. 이것은 기존의 로케이션관리에서 WMS로 기능이 보다 더 확대되었기 때문이라고 볼 수 있고, 창고 내 관리시스템이 확대된 점에 기인하고 있다.

WMS는 창고에 있어서 입하, 출하시점에서 관리가 필요하게 되고, 상위의 정보시스템과 리얼타임으로 정보교환이 가능한 것이 기본이다. 이를 위해서는 무선단말기 및 DPS(디지털 피킹 시스템)등에 의한 단말기장치를 활용하여 데이터의 입력과 출력의 합리화는 물론이고, 누구라도 시스템에 의한 작업이 가능하여 인건비의 삭감 및 보관효율과 물류비용의 삭감에 효과적이어야 한다. 그러면, WMS의 주요기능은 어떤 것이고, 또한 기본기능은 어떤 것이 있는지를 정리해 보고자 한다.

[표 1.17] WMS의 발전과정

항목 \ 년대	1970년~1985년	1986년~1995년	1996년 이후
1. 물류의 컨셉	물류	로지스틱스	SCM
2. 창고관리	창고관리	로케이션관리	WMS
3. 상물관계	상물일치형	상물일지 및 분리 등, 혼잡형	상물분리형으로 주목되고 증사경향
4. 창고의 운영방법	창고전표, 상품정리 전표에 의한 피킹	입출고 관리 로케이션관리 피킹리스트에 의한 관리	입/출하관리 무선단말 DPS(디지털피킹시스템)

(3) WMS와 연결된 주요기능

- WMS의 일반적 연결기능
  - 정확한 재고관리가 가능한 표준기능
    - 복수의 물류거점과 복수의 업무를 동시대응이 가능
    - 비즈니스 모델과 업무흐름을 유연성 있게 대응이 가능
    - 물류센터 내의 시설운영 및 Material handling 기기 등의 제어가 가능
    - 인적자원의 스케줄링이 가능함
    - 무선단말기기를 활용하여 작업진척상황을 파악할 수 있는 모니터링 기능
    - 기존의 시스템과의 연계가 가능
    - 다른 시스템과의 유연한 인터페이스가 가능
    - e-MARKET, e-COMMERCE에의 대응이 가능 등

그러나 WMS의 주요기능에 있어서 앞에서 설명한 기능이 전부 가능하다고는 할 수 없다. 이는 WMS시스템의 가격과 용도에 따라서 달라질 수 있고, 각 기업이 도입할 때는 창고 내의 업무에 적합하고 유사한 시스템을 도입하는 것이 바람직하다고 하겠다. 창고 업무는 각 업계 및 업종에 따라서 다르기에 적합한 WMS를 도입한다고 해도 최소한의 커스티마이징 비용이 필요할 것이다.

(4) WMS의 기본기능

① 입하-검품-입고의 서브시스템

입하 시에는 사전입고와 사후입고로 구분된다. 여기에서 사전입고는 입하예정의 정보를 입수하여 입하시의 예정수와 실제의 상품수를 검품하여 입고 로케이션을 결정하는 방식이다. 반면에, 사후입고는 입하예정 정보가 없기에 입하 시에 실제수를 검토하여 작업자의 판단에 의하여 입고한 수를 사후에 로케이션 등록하는 방식이다.

기본적으로 사전입고방식이 관리수준이 높다고 하겠다.

식품관련업계에 있어서는 검품 시에 상미기간관리가 필요하다. 이를 위한 방법으로 라벨입고 및 무선단말기를 사용한 리얼타임처리가 향후에는 필요할 것이다.

② 재고 및 로케이션관리 서브시스템

일반적으로 로케이션관리를 보면, 고정(Fix) 로케이션, 프리(Free) 로케이션, 존(Zone) 로케이션 등으로 구분된다. 이는 창고의 취급상품에 따라서 선택이 달라진다.

파렛트 단위의 보관은 프리 로케이션, 파렛트 단위 이하는 고정 로케이션, 파렛트로 취급이 불가능한 대형화물 및 부정형상품은 죤 로케이션관리가 기본이 되고 있다.

그 외의 요소로서 재고변동, 출하단위 등이 있지만 선입선출을 중요시하는 경우에는 프리 로케이션, 아이템 단위 피킹은 고정 로케이션 등이 기준이 된다.

일반적으로 취급상품은 대형에서 소형까지 다양하기에 3가지 로케이션관리를 조합하여 운영되는 것이 타당하다고 하겠다.

③ 출고-피킹-상품구분-검품-출하의 서브시스템

창고작업에서 작업자의 공수가 많이 필요한 것이 출고, 상품분류, 검색작업이다.

따라서 인건비를 삭감하는 것을 목적으로 많은 서브시스템이 개발되었다. 예를 들면 피킹 장치, 상품분류 등의 자동화장치, 디지털 피킹, 피킹 리스트에 의한 동선단축 등의 서브시스템이 필요하지만 투자에 대한 비용수익성의 채산성을 고려하여 시스템의 도입 및 선택이 중요하다고 할 수 있다.

따라서 WMS를 도입하는데 있어서는 하드웨어의 인터페이스를 표준으로 한 것을 채용하는 것이 좋다. 최근에는 양판점 및 종합슈퍼를 보면 No검품시스템이 도입이 늘고 있어, 창고에서 상품이 출하될 때에는 다소 시간이 걸리지만 최종적으로 상품을 입하하는 유통업자의 작업부담이 경감되기에 향후에는 더욱더 요구가 늘 것으로 판단된다.

④ **반품서브시스템**

반품이란 것은 비즈니스를 하는데 있어서 부가가치를 창출하지 않는 불필요한 것이라고 본다. 하지만, 상품정리 시에 전표수와 상품수가 불일치한 것은 더욱더 큰 원인이기 때문에 창고관리의 수준을 향상시키기 위해서도 중요한 시스템이라고 할 수 있다. 특히, 최근에는 물류의 아웃소싱이 주목되고 있고, 3PL화가 증가되는 상황에서는 재고불일치는 3PL 업자에게 커다란 불이익을 초래하기에 WMS에 반품서비스시스템은 다양하게 분류하고 관리할 수 있는 것이 좋은 시스템이라고 판단된다.

(5) WMS의 프로세스 개요

① **입출고 업무의 효율성**

- 수작업과 Human error에 의한 오입출고발생
- 생산 공정과의 업무구분 및 재고관리 책임소재 불투명
- 출고제품에 대한 역 추적 어려움
- 재고관리 정보화로 오입출고율 발생 최소화
- 생산 공정과의 재고책임소재 명확화
- 출고제품 및 출고예정 비품에 대한 정보 가시성 확보

② **효과적 창고 / 재고관리**

- 선입선출 및 로케이션관리 애로
- 재고실사 기간 및 인력과다 소요
- 재고차이 발생(오입출고, 감모, 수불기록 오류 등)에 대한 원인 불분명
- 창고/재고관리 담당자의 재고 지표관리부족
  (적정재고수준, 재고회전율, 반품 율, 감모율, 품목별/단량 별 위치 현황 등)
- 바코드에 의한 위치정보 및 선입선출 정보관리/제공
- 재고실사기간/인력소요 단축(재고 오 수불 해소, 재고실사용 출력물제공 등)
- 창고/재고관리 담당자에게 재고 수준 지표 제공

③ **관리 / 경영지표 활용**

- 출하지시서/상차지시서의 수작업 또는 단순정보화 출력

(제품명 및 수량만 출력 : 위치정보 및 적재순서 미 표시)

- 재고관련자(창고담당, 영업담당, 생산담당 등)의 재고관리 정보 공유 미흡
- 다양한 보고서 결과물 부족
  - 상차지시서(피킹 리스트)의 효율성 향상
    (출고담당자(예 : 지게차기사)의 동선고려)
  - 위치정보 및 적재순서정보 제공
  - 제고과다 정보의 공유(Web을 통한 재고정보의 가시성 제공)

(6) 입고관리의 개별기능

① 입고접수

- 차량 도착 후 신속한 입하접수처리를 완료하기 위해서는 계획적인 접수처리가 필요 → 사전에 입하예정을 파악하고 적은 처리로 입하 가능하도록 함
- 납품전표에 기재되어 있는 이들의 내용이 옳은가를 점검하는 일
- 입고접수의 처리항목과 순서
- 품목명 → 수량 → 납입일 → 납입자 → 금액 등

② 격납지시

- 선입선출의 수행과 출하의 효율을 고려하여 보관장소를 지정
- 이를 위하여 장소별 보관상황과 랙별, 파렛트별 재고를 파악
- 격납 장소를 자동적으로 색출하여 격납지시서를 발행하고 작업자에게 명시해줌 (자동차고인 경우는 창고를 제어하는 컴퓨터에서 공 랙, 공 파렛트를 자동적으로 색출하여 크레인 등에 지시)
- 파렛트의 보충량 기준을 명확히하고 출하 시에는 보충된 것을 개별로 시시할 수 있도록 해야 함
- 대량 랙을 사용하는 경우는 격납표시 램프 등으로 격납 장소를 지시

③ 격납확인

- 자동창고의 경우 자동적으로 격납확인을 하기 때문에 사람이 운영하지 않아도 됨
- 또 격납지시 램프 등에 의한 경우는 램프 소등에 의하여 격납확인 됨

- 자동창고 이외에서 창고 내의 세부적인 관리를 요하지 않는 경우는 격납확인하지 않고 입하확인이 격납확인을 겸하는 일도 있음
- 격납확인은 후속하는 재고경신의 계기가 됨

④ **재고경신**

- 재고의 창고별, 보관 장소별 경신
- 수주잔량 할당지시(재고변동이 있었기 때문에 수주량에 대하여 할당을 지시)

⑤ **입고확인**

- 입고접수에서부터 재고경신까지의 과정이 정상적으로 처리되었는지 또는 어떤 문제가 발생하였는지를 확인
- 입하접수로부터 격납지시 사이의 에러 발생시(입고접수 화면에 에러상황을 표시하여 다음 행동을 취할 수 있도록 함.)
- 격납확인 후 재고 경신 사이에 에러 발생시(입하접수정보를 취소한 상태로 복귀시켜 입하접수부터 다시 하도록 함)
- 모든 것이 정상으로 처리되면 입하확인을 하고 그 실적정보를 처리

⑥ **회계시스템에의 전달 정보**

- 입고처리의 최후 처리로서 인소를 계상하기 위한 회계정보를 작성하여 회계시스템에서 발행하는 수불대장, 재고장표에 반영토록 함

(7) 출고관리

① **출고관리의 요점**

- 창고의 간접작업을 경감
- 출고실적 파악 등
- 창고의 운용형태에 적합한 관리(상품특성에 따라)
  - Single Order Single Load : 하나의 주문에 대하여 개발상품을 1품 단위로 포장하여 출고하는 경우
  - Single Order Multi Load : 하나의 주문에 대하여 개별상품을 일괄(한 묶음) 포장하여 출고하는 경우
  - Multi Order Single Load : 복수주문을 취합하고 개별상품을 1품 단위로 포장

하여 출고하는 경우(수주잔량이 있으며 한꺼번에 출고하는 경우)

- Multi Order Multi Load : 복수주문을 취합하고 개별상품을 일괄 포장하여 출고하는 경우

- 출고하기 위한 부속작업의 기계화 및 기간의 네트워크를 활용하여 종합적인 업무 효율화를 도모

② 출고관리의 범위

- 주문에 대한 출고데이터를 준비하고서 물품이 실제로 창고에서 출고되고 회계 시스템에 출고관리 정보를 전달하는 것까지를 범위로 함
- 출고관리의 기능
  - 출고데이터 취합
  - 피킹처리
  - 분류처리
  - 운송업자 결정
  - 배차
  - 출고전표 작성
  - 전표류 발행
  - 포장·전표 확정
  - 출고확인
  - 회계시스템 전달

③ 출고관리의 개별기능

- 출고데이터의 취합
  - 출고데이터의 내용을 확인하고 그 후의 작업성을 고려하여 출고 순서를 조정하는 등 내용을 편집함
  - 전표 피킹을 하는 창고를 위해서는 출고전표작성 처리에 출고 데이터를 전달배차를 수반하는 경우는 배차처리에 출고데이터를 전달

    자동창고의 경우는 컨트롤 시에 출고데이터를 보내기 때문에 주문을 분배하여 상품단위의 주문별 출하수 데이터를 작성

- 피킹처리
- 분류처리
- 운송업자 결정
- 배차처리
- 출하전표 작성
- 전표발행
- 포장·전표설정
- 출고확인
- 회계시스템 전달
- 재고관리

④ **재고관리의 요점**

- 재고관리의 범위
- 재고관리의 개별기능

- 재고지표 설정
- 재고 조회
- 재고실적 지표대비
- 창고 간 재고보충 계산
- 수불관리자료 발행
- 창고 내 재고 랙 보충
- 재고조사

⑤ **재고의 종류**

재고를 관리할 때 그 재고가 주문에 대응할 수 있는 상태인지 할 수 없는 상태인지를 구별하는 일이 중요

- **할당가능재고**

- 현물재고 : 창고에 격납되고 주문에 할당되면 피킹, 포장의 공정을 거쳐 언제든지 출하할 수 있는 재고

- 이송중재고 : 현재 창고에는 없으나 이미 공장 또는 본사공장에서 출하되어 도착을 대기하고 있는 재고로서 주문이 있으면 도착 즉시 피킹, 포장하여 출하할 수 있는 재고

● 할당불가능 재고

- 할당완료재고 : 창고에 격납되고 또한 주문에 대한 할당도 끝나고 피킹, 포장중이든지 출하대기 상태의 재고
- 불량품재고 : 창고 내에 있으나 상품하자가 있다든지 고장이 있는 상품의 재고로 수리하여 재생하든지 폐기해야 하는 재고
- 이송중재고 : 창고에는 없으나 타 창고를 향하여 출하한 재고로서 할당완료 재고와 불량품재고
- 이송중·할당완료재고 : 창고에 재고가 없고 공장, 본사창고에 재고가 있는 경우에 주문에 대하여 공장, 본사창고의 재고를 할당하여 그것을 반송할 때에 생기는 재고
- 이송중·불량품재고 : 불량품을 한곳으로(창고)에 이동시킬 경우에 생기는 재고. 이들의 재고는 주문과 관련하여 상황이 변하기 때문에 재고 파일에서 분류해 두어야 함

시스템을 설계하는 시점에 주문과 재고관리를 어느 수준까지 할 것이지를 충분히 검토하고 재고 파일을 설계해야 함.

1.2.2 선진형 창고관리시스템(WMS) 운영현황

(1) 선진형 WMS(Warehouse Management System)

선진형 WMS는 물류센터에서 관리되는 모든 화물을 총괄적으로 관리하기 위해 구축된 물류정보시스템의 총칭을 말하며 WMS운영은 [그림 1.13]과 같이 입고차량이 물류센터 도착에서부터 보관 및 배송 차량 출발에 이르는 일련의 작업을 수행하고 있으며, 이들의 작업에서 수행되는 주요 업무는 [표 1.18]과 같이 정리할 수 있다.

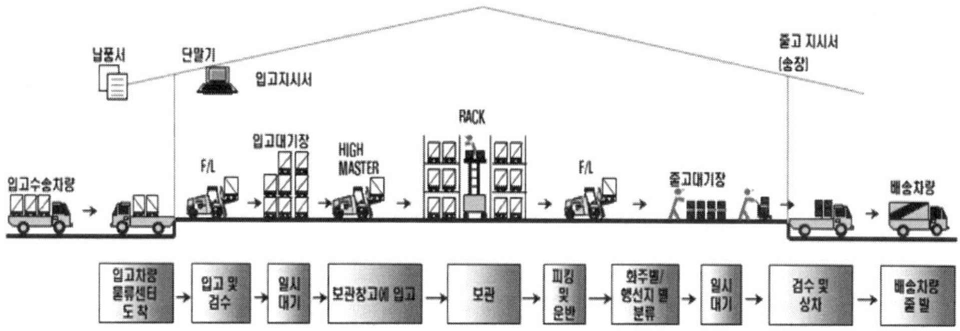

[그림 1.13] WMS 운영

[표 1.18] 선진형 WMS의 주요 업무 및 내용

주요업무	업무 내용
입고/적치	• 입고예정 정보에 의한 입고 및 작업 스케줄링 • RF 입고를 통한 입고오류 방지 및 실시간 데이터 반영 • RF 적치를 통한 화물 위치 관리
재고관리	• 재고관리 엔지니어에 의한 모든 입/출고 이동에 대한 완벽한 재고관리 • RF를 사용한 실시간 재고관리
주문접수	• 고객사 주문 접수 및 수신
할당/피킹 작업	• 보유재고를 기준으로 주문별 재고 할당 작업 • RF를 통한 피킹 작업으로 피킹 오류 최소화
상차/출고	• 출고 현황 모니터링을 통한 출고 실적 관제 및 효과적 출고작업 수행 • 다양한 유형의 출고실적분석 기능을 활용한 실적관리
통계/지표관리	• 입고, 출고 실적에 대한 통계/지표 관리 • KPI(Key Performance Indicators, 핵심성과지표) 관리를 위한 각종 기능을 제공하고 그래프 및 엑셀 자료 생성

(2) WMS 운영시 주요 운영 효과 및 구성

- 실물과 정보의 일치화를 통한 정보의 효율 극대화
- 위치 관리를 통한 보관면적의 효율성 극대화
- 보충 및 피킹 작업의 효율적 수행 가능
- 타 물류시스템과의 효율적인 연계를 통한 정보 제공

선진형 물류센터에서 운영되고 있는 주요 WMS 구성

- 현장 작업자를 위한 RF 시스템
- 업무 담당자를 위한 업무 시스템

- 의사결정권자를 위한 VMS
- 현장작업자를 위한 RF 시스템의 특징은 속도의 정확성, 효율과 비용 절감 및 부가가치 창출이며 이 내용은 [표 1.19]와 같다.

[표 1.19] RF 시스템의 특징 및 주요 내용

특징	주요 내용
속도의 정확성	• RF 작업을 통한 현장과 사무실간의 실시간 정보 지원 • 업무 담당자를 위한 업무 시스템 수행 • 의사결정권자를 위한 VMS 제공
효율과 비용절감	• 전문적인 창고관리로 고객에게 저비용과 고품질의 서비스 제공 • 운영 프로세스 및 자원관리의 최적화 실시 • 창고 물류 흐름에 대한 통계자료 제공
부가가치 창출	• 유통가공 작업지원 • Cross Docking 작업지원 • 소분작업 및 검수작업 지원 • 실적 통계/지표관리, KPI 관리기능 제공

1.2.3 WMS 운영프로세스 구축 및 운영

WMS는 기존 냉동·냉장창고에서 수행하던 보관, 배송, 재고관리의 기능뿐만 아니라 포장, 조립/가공, 판매, 전시, 마케팅 등 다양한 기능이 통합된 종합적인 물류센터로 발전되어야 한다.

WMS는 냉동·냉장창고의 전통적인 역할 외에 추가적인 역할을 요구하게 될 것이며, 이를 통해서 물류센터에서는 보다 많은 부가가치활동을 수행하게 될 것이다.

따라서 WMS는 다양한 부가가치가 창출되기 위해서는 기업의 공급망 관리 프로세스 상에서 공급관리, 물류센터, 수요관리 영역의 활동 등을 고려한 전체 공급망의 전략수립이 선행되어야 할 것이다.

이를 통해 전체 공급망의 재고량과 고객 서비스 등의 수준을 결정하고 이에 적합한 공급망이 구축되어야 물류센터에서 수행할 수 있는 다양한 활동 등을 수행할 수 있을 것이다.

WMS를 운영하기 위해서는 [그림 1.14]와 같이 제품의 입고에서 보관 및 출고에 이르는 일련의 과정을 수행할 수 있도록 운영 프로세스를 구축하여 운영되어야 한다.

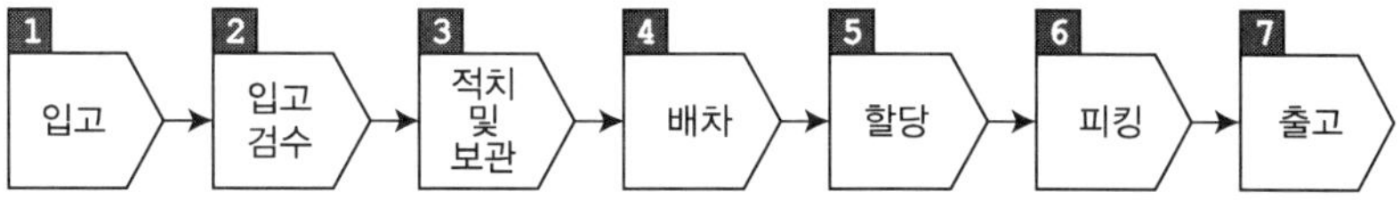

[그림 1.14] WMS 운영 형태

WMS의 운영 프로세스에는 입고관리, 반품관리, 출고관리 및 재고관리 시스템을 구축되어 상호 연동되어 운영되어야 보다 효율적인 창고 운영이 가능하다.

WMS를 운영하기 위해서 [표 1.20]과 같이 필요한 운영 비즈니스 이해에서부터 내/외부 환경 분석 및 KPI 분석 등의 일련의 활동 수행을 통해 도출된 내용을 토대로 WMS의 운영 목적 및 방향 등을 설정해야 만 경쟁력 있는 WMS를 운영할 수 있다.

[표 1.20] WMS 구축 수행 단계

단계	활동	수행 내역
1	비즈니스의 이해	• 비즈니스를 이해하기 위해 물류센터, 공급망, 서비스, 시장, 고객, 파트너에 대해 조사분석함
2	내/외부 환경분석	• 기업의 내/외부 환경을 분석함
3	사업방향 이해	• 임원, 관리자와의 인터뷰 및 워크숍을 통해 WMS의 비전과 목표를 확인하고 핵심현안을 도출함
4	이해 관계자 정의	• 기준을 정하여 이해 관계자들을 분류하고 정의함
5	이해 관계자 분석	• 분류된 이해 관계자들의 요구사항을 토대로 세분화된 이해관계자 그룹에 대해 Power Relation 모형을 적용하여 분석함
6	이해 관계자 요구사항 파악	• 분류된 이해 관계자들의 요구사항을 조사함
7	작업 분석	• WMS에서 수행되는 입/출고 관련 작업에 대해 조사 및 분석을 실시함
8	제품 분석	• WMS에서 취급하는 제품의 기본특성에 대해 조사 및 분석을 실시함
9	주문 분석	• 주문 형태, 주문별 제품 종류 및 수량 등에 대해 조사 및 분석을 실시함
10	출하 분석	• 제품별 출하특성에 대해 조사 및 분석을 실시함
11	재고 분석	• 제품별 재고량, 재고분포 등에 대해 조사 및 분석을 실시함
12	WMS 용량 분석	• WMS의 물류처리 및 보관 능력과 용량 활용률을 조사 및 분석을 실시함
13	WMS 설비/장비 분석	• WMS의 주요 설비/장비의 기능, 역할, 사양, 성능, 가동률, 유지비 등에 대해 조사 및 분석을 실시함

[표 1.20] WMS 구축 수행 단계(계속)

단계	활동	수행 내역
14	WMS 설계 분석	• 작업 및 보관 공간, Dock, 컨베이어, 보관설비 등의 시설배치에 대해 조사 및 분석을 실시 함
15	제품 위치 분석	• 보관 공간에서의 제품 로케이션 위치 및 크기에 대해 조사 및 분석을 실시 함
16	WMS 운영 정책 분석	• 분석 대상 기업의 WMS 운영 정책을 분석하여 보고서를 작성
17	AS-IS 분석	• 분석 대상 기업의 WMS 운영 공정을 업무 특성을 가시화 할 수 있는 수준까지 분석 실시
18	KPI 정의	• 기업의 전략을 달성하기 위한 활동의 성과를 측정하는 지표 정의 • 성과 도출이 미진한 경우 이의 원인이 무엇인지를 신속하게 파악하여 개선 조치가 이루어질 수 있도록 수행
19	요청 자료 리스트 작성 및 자료 수집	• WMS의 성과 분석을 위한 기초 데이터 현황표 작성 • 자료 현황을 기반으로 자료 수집
20	KPI 분석	• 수집된 데이터들을 WMS 운영특성, 시간, 정확성, 생산성의 관점으로 분석

WMS는 기존의 물류기업과 화주기업에서 활용하고 있는 정보연계 방식을 그대로 수용하면서도 장기적으로는 전체적인 표준화를 진행할 수 있는 체계를 갖추는데 목표를 두고 운영되는 것이 필요하다.

이를 위해서 각 화주기업 및 물류기업에 대해 시스템을 독립적으로 구현하여 업체 변경 시에도 신속히 대응 방안을 모색하고 기존 개발 및 운영상황을 그대로 반영하기 위해 다양한 연계방법 및 매체를 지원하며 전체적으로 표준화를 유도하기 위해 표준문서를 개발 및 배포할 수 있는 정보시스템을 구축하는 것이 필요하다.

물류정보시스템에서는 표준프로세스 도입으로 인한 과거 숙련된 작업자에 의존하던 것에서 벗어나 비숙련자의 활용이 가능해질 것이며, 현장 업무를 판단위주에서 단순 작업화 함으로써 물류센터의 냉동 냉장창고의 운영 효율성 제고 및 물류운영비용 절감을 실현할 수 있다.

이러한 일련의 효율성을 도출하기 위해서 도입되는 물류정보시스템은 [표 1.21]과 같이 고객관계 관리, 주문관리, 운영실현, 운송관리 및 정산관리시스템을 구성하여 구축되어야 하며, 구축된 물류정보시스템은 주문에서부터 정산에 이르기까지 공급망의 흐름에 따라 물류의 원활한 처리 뿐 만 아니라 정보에 대한 종합적인 통제체제 구축이 필요하여, 이는 서비스 품질관리에 기반이 되는 데이터로 활용될 수 있어, 고객에게는 가시성을 제공함으로써 자원 효율성의 극대화를 실현할 수 있다.

[표 1.21] WMS 영역별 시스템 요구사항

구분	핵심요소	시스템 요구사항
고객 관계 관리	고객의 다양한 정보 기반 구축	• 고객사간 다채널 확보 • 고객정보 데이터 품질의 조기 확보 • 고객정보 항목별 표준 양식 제공
	고객별 부가정보 제공	• 물류대행 서비스 결과 및 KPI 분석 정보 제공 • 고객사 필요 정보 제공
	고객관리 가시성 구축	• 주문에서 배송 완료까지 세부 활동별 진행 현황 제공 • 예외사항 관리 기능 • 고객서비스 및 요구 접수 기능 제공
주문 관리	주문 정보 서비스 기반 구축	• 주문 제품 현황 확인 기능 • 고객사의 정책 지원 기능 • 인터넷 기반 주문 시스템과 연계
	물동량 관리의 통합 기반 구축	• 운송배차계획 기능 및 창고관리 기능의 연계 • 주문관리 시스템과 재고현황 기능 연계
	주문 시점의 재고할당 /배송 연계 기능 구축	• 주문 접수 단계에서 배송 센터별 재고 할당 처리 • 차량 가용도 확인
운영 실현	실재고 통합 기반 구축(장비 연계)	• 통합 창고관리시스템 운영 • 장비(RF/PDA/계측기 등)와 연동 • In/Outbound 물류 정보 리드타임 감소 • 수·배송 계획 연동
	협업 환경 구축	• 협업 계획 일체화(생산계획, 자재조달 계획 동기화) • 고객의 물류네트워크 정보 연계(재고계획)
	고객별 부가 서비스 제공 기반 구축	• 고객사의 기준 정보 연동 • 생산지원 시스템의 확보 • 고객사와 생산 진행 현황 공유
운송 관리	통합 수송 관리 기반 구축	• 주문물량 통합 기능 • 수송경로/원가 시뮬레이션 및 통합배차 기능 • 수송현황 모니터링 기능
	운송 가시성 기반 구축	• 배송 상황 모니터링 및 예외사항에 대한 처리 • PDA를 이용한 실시간 전송 및 주문 접수의 추적
	부가 운송 서비스 기반 구축	• D2D(Door to Door)서비스를 위한 집하/배송 기능 지원 • 물량과 공간 연계 기능 • 최적화 기법 활용 서비스 지원
정산 관리	다양한 계약 정보 기반 구축	• 제공하는 서비스 조합에 따른 빠른 계약 지원 관리 • 화주별/상품별 정산 체계 구축 • 정산 정보 공유 지원
	정산 정보의 보안 환경 구축	• 화주별로 계약 내용 혹은 정산 내용 개별 관리 • 화주별 Id와 Password 별도 관리 • 웹 환경과 안전 시스템 도입
	화주별 상품별 수익 분석 체계 구축	• 고객별 정산 내역을 기준으로 분석 정보 제공 • 상품별 정산 분석 정보 제공

1.2.4 시스템 운영 활성화를 위한 참여주체별 역할

복합물류터미널의 통합정보시스템 활성화는 운영주체, 시설 사용주체, 관련기관/기업의 긴밀한 협조를 통해 가능하나, 현재는 각 주체들이 개별적 시스템 운영에 주력하고 있어 이를 통합/조율하기 위한 협의체 구성이 필수적이다. 관련 기관은 협의체를 통합적으로 조율하기 위한 협의체 구성이 필수적이다. 관련 기관은 협의체를 통합적으로 조율하기 위한 Co-ordinator 역할을 수행해야 하며, 정책적 지원 기반을 마련하고, 운영주체는 주요시스템 구축/제공에 주력해야 할 것이다. 또한 입주기업은 시스템의 통합적 구축에 적극적으로 지원해야 할 것이다.

본 시스템은 재고파악, 인사, 회계, 영업, 경영정보, EDI 등을 인터넷 환경에서 통합적으로 구축하여 언제 어느 때라도 즉시 확인이 가능하며, 화물과 관련한 항목에 있어서는 화주나 선사, 관세사 등 관련주체가 인터넷으로 접속하여 언제나 확인 가능한 시스템이다. 그러나 동종 기업 간 경쟁관계로 인하여 효과적인 정보공유가 불가능한 부분이 있는데, 이 문제는 업체의 상황을 충분히 반영해 자사의 자료의 보안은 유지하면서 최대한 공동 마케팅의 시너지효과를 유발할 수 있도록 유도한다. 예를 들어, 자사의 영업오프라인과 거래가격 등은 보안으로 하는 것은 원칙으로 하되, 현재 창고 또는 야드(Yard) 내의 적재율과 적재항목 등을 공개하여 화주들이 검색할 수 있게 함으로써 대 화주 서비스 제공이 가능하고 담당 실무자들 간 신속한 협의 및 의사교류가 가능한 커뮤니티 라인을 구축하는 등 유통시기를 놓친 물품이나 기타 판로가 막힌 물품의 유통기능을 지원할 수 있는 공공 마케팅 모듈 개발을 통해 지역 내 유사 업체 간 시너지 효과를 유발할 수 있다.

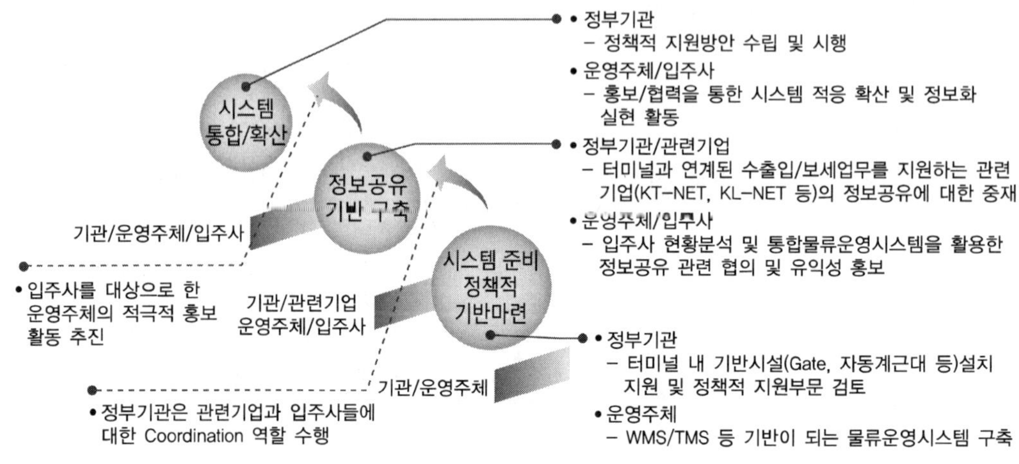

[그림 1.15] 복합물류터널 정보화를 위한 참여주체별 역할

여섯 가지 평가요소들을 기반으로 각 평가지표들은 해당 물류센터의 자료 및 데이터들로 정량적인 결과치로 계산되거나 산출될 수 있을 것이다. 각 지표들을 통한 값들은 물류센터의 운영현황을 판단하는 자료로 사용되고, 각 기업환경 및 사업계획에 따라 선호하는 방향으로 가중치를 두어 물류센터를 사업운영 할 수 있을 것이다.

복합물류센터는 [그림 1.16]과 같이 다극분산형 물류센터를 구성하여 운영하는 필요하며 이를 통해 [그림 1.17]과 같이 분산형 배치를 통한 효율화를 극대화시켜야 한다.

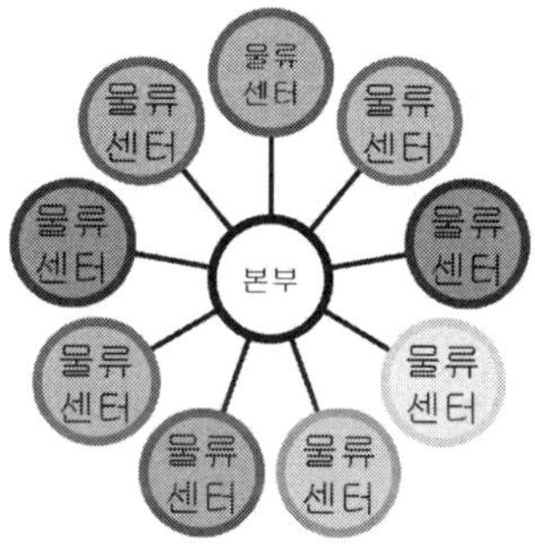

[그림 1.16] 다극분산형 물류센터

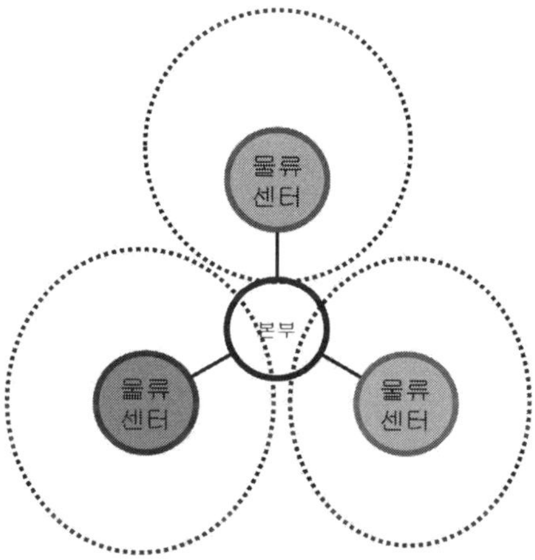

[그림 1.17] 분산형 배치

또한, 재고관리의 보다 효율적인 합리화를 위해서는 [그림 1.18]과 같이 재고관리의 합리화를 추진하기 위한 흐름을 파악해야 하고, Trucking은 1980년대에 비해 1999년의 수입이 53%, 철도의 경우 43%로 운송 시스템 발전으로 [그림 1.19]와 같이 물류시스템과 GDP와의 관계를 통한 효율성 증대를 모색해야 한다.

그림 1.20은 화물 운송방법이 개선되면서 운송기술의 발달은 기업들이 재고 유지

비를 운송비로 대체하는 것을 나타내고 있다.

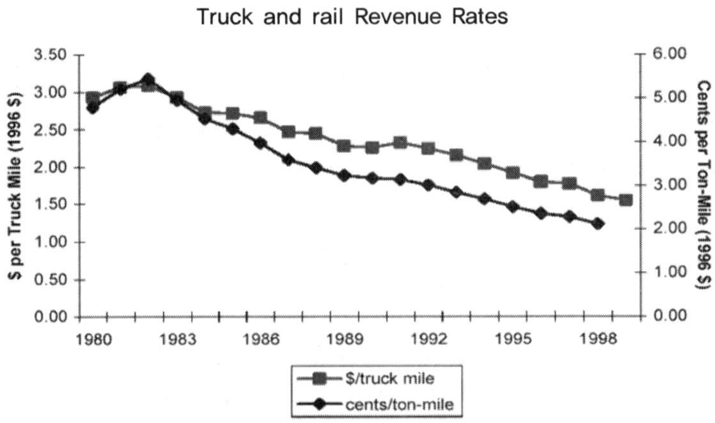

[그림 1.18] 재고관리의 합리화

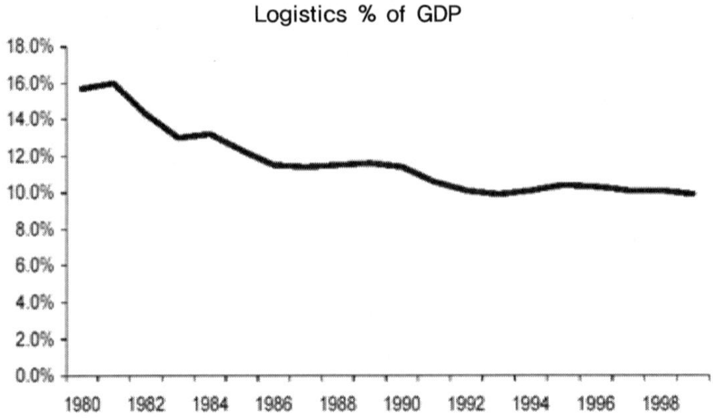

[그림 1.19] 물류시스템과 GDP와의 관계

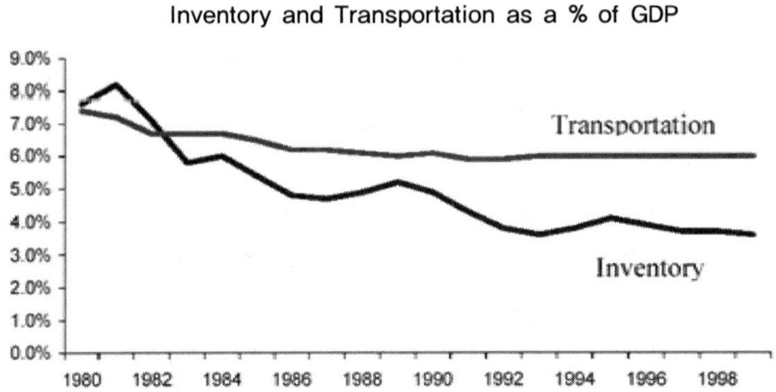

[그림 1.20] 재고관리의 합리화

CHAPTER 2

국내외 물류센터 운영 현황

1. 중소유통 공동물류센터 운영

:: 유통산업 현황

:: 중소유통 공동물류센터 건립 및 운영 지원 사업

:: 중소유통 공동물류센터의 기본설계

2. 택배물류센터관리

:: 택배물류센터관리 문제점

:: 물류센터 관리시스템

3. 제조기업 물류센터

:: 제조기업 물류센터 운영의 문제점

:: 기존 물류공동화 시설 운영 현황 및 문제점

:: 물류센터 운영 방향

:: 제조기업 공동물류센터 구축 방안

4. 냉동·냉장창고 운영

:: 냉동·냉장창고 정의 및 운영

:: 신선물류센터 운영현황

:: 물류센터로의 전환 요건

:: 물류센터 거래량 추정 및 시설규모 산정

5. 물류창고 인프라 안전관리

:: 물류창고 인프라 안전관리 정의

:: 컨베이어

:: 보관랙 안전관리

:: 창고용량의 안전조건

2.1 중소유통 공동물류센터 운영

유통산업은 생산자와 소비자의 중간에서 제조업의 경쟁력 제고와 소비자 후생 증진, 물가안정, 고용창출 등에 중요한 역할을 담당하고 있다. 지식재경부에서 발표한 '2010년 유통산업발전전략'에 의하면 우리나라 유통산업은 향후 연평균 7.4% 성장이 예상되고 있다. 할인점 및 전자상거래 등 신유통업태의 등장에 따른 가격파괴 현상의 확산, 유통업체의 대형화 및 다점포화 전략에 따른 구매력의 증대로 가격결정권이 유통업의 영향력이 커지면서 제조업은 집중과 선택을 강요받고 있는 실정이다.

또한 유통시장 개방에 따른 외국 대형유통업체들의 국내진출과 대기업들이 경영력, 기술력, 자금력 등을 가지고 할인점, 백화점, 도매업, 홈쇼핑사업 등의 유통 사업에 집중적인 투자 및 진출하면서 경쟁이 심화되어 자금력과 유통노하우가 없는 중소유통업들의 경쟁력은 점차 약화되고 있다. 이러한 중소유통업 활성화를 위해 지식재경부에서는 전국적으로 지역별, 권역별로 나누어 30여개의 중소유통 공동물류센터를 건설하는데 지원하고 있다. 중소유통 공동물류센터가 전국적으로 건설됨에 따라 효율적인 지원 및 육성을 위한 건설 및 운영방안의 필요성이 요구되고 있다.

2.1.1 유통산업 현황

(1) 일반현황

유통산업은 생산과 소비의 중간에서 제조업 경쟁력 제고 및 소비자 후생 증진하는데 역할을 하고 있다. 우리나라의 유통산업은 향후 연평균 7.4% 성장이 예상되며, 2010년 유통산업의 GDP비중 실질가치는 11.3% 및 명목가치는 10.2%로 추정하고 있다. 이들 유통업체들은 유통시장의 개발에 따른 외국 대형유통업체들의 국내진출과 대기업들이 경영력, 기술력 및 자금력 등을 가지고 할인점, 백화점, 도매업, 홈쇼핑사업 등의 유통 사업에 집중적인 투자, 진출하면서 경쟁이 심화되어 자금력과 유통노하우가 없는 중소유통업들의 경쟁력 저하가 가속화되고 있다. 대부분의 중소유통업체들은 판매시설 노후화(5-10년)로 쾌적한 쇼핑분위기 저해, 점포 규모가 적어 상품구색의 미흡으로 원스톱 쇼핑불가, 대형 할인점과의 판매가 열세, 편의점의 편의성, 인지성 및 접근성 부족, 주차장 및 고객편의 시설의 절대 부족 등으로 인해 점차 고객들로부터 외면을 당하고 있는 실정이다.

(2) 한·미·일 도매산업 현황

① 국내 도매산업

국내 도매업의 특징을 살펴보면 소매업들은 대형화되면서 영세성에서 탈피되고 있지만 도매업은 영세성 및 저생산성이며, 규모의 취약성으로 상품 조달, 배분 및 알선과 같은 거래기능 이외에는 역할 수행이 곤란하다. 국내 도매업체들의 주요 문제점은 제조업체 대리점 체제의 유통구조, 물류시설 투자부족 및 물류비용 상승으로 국제 경쟁력 열세, 연쇄화 사업자의 조직화 및 협업화 부진 등을 들 수 있다

② 미국 도매 산업

미국 도매상은 자기 명의와 계산으로 도매업을 하는 상인 도매상, 제조업자가 지점 및 영업소를 개설하는 자가 소유 도매업, 상품을 소유하지 않고 일정 수수료를 받아 영업하는 브로커 도매상으로 크게 나눌 수 있다. 이들 도매상들은 도매업자와 제조업체를 연결해 주는 대리점 및 브로커의 발달로 중소유통업체들 간에 전략적 제휴체가가 구축되어 있다.

③ 일본 도매산업

일본 도매산업은 상품기획 및 개발 기능만을 수행하지 못할 뿐 일찍부터 물류, 금융, 소매지원 기능을 포함하여 도매업이 수행해야 할 대부분의 기능을 수행하고 있다. 특히 물류부문에서는 제조와 소매의 중간단계에서 핵심적인 역할을 수행하고 있다.

2.1.2 중소유통 공동물류센터 건립 및 운영 지원 사업

(1) 개념

중소유통 공동물류센터는 중소유통 조직 및 일반 소매점의 공동화, 조직화, 협동화 등 규모의 경제실현과 물류비용의 절감을 통해 중소유통물류구조의 혁신을 이루도록 집하·검품·검수포장·가공·보관·배송·판매·전시 및 정보시스템 등의 도매물류 활동상 필요시설과 관련 부대시설을 갖춘 사업자를 말한다.

(2) 기능

중소유통 공동물류센터는 집하, 검품·검수, 분류, 보관, 저장, 가공소포장, 배송, 전산·정보 처리 등을 수행하는 물류기능과 배송판매, 현장판매 및 전시 기능 등을 행하는 상류 기능을 복합적으로 지니고 있다.

(3) 건립 및 운영목적

전국의 생필품 유통을 담당하고 있는 중소유통업들을 위한 중소유통 공동물류센터를 구축함으로써 유통경로 축소로 물가안정, 생산자와 소매 사업자의 공존공영 체계 구축, 전국 도매사업의 네트워크 구축으로 유통질서 확립 및 경쟁력 유지 등 유통산업의 근대화가 촉진될 것이다.

중소유통업이 대형 유통업과의 경쟁력 강화를 위해서는 공동구매 및 공동물류가 필요하며 이를 위해서는 지역별 공동물류센터 구축 지원을 통해 공동구매, 공동 보관 및 수·배송 등을 유도하여 지방중소유통업의 고질적인 물류시설 부지확보 문제를 동시에 해결함으로서 물류비 절감을 목적으로 하고 있다.

(4) 사업의 내용

주요 사업 내용으로서는 중소유통 공동물류센터 건립 및 운영을 통해 공동구매. 마케팅. 배송을 실시함으로써 물류비용 절감과 유통구조의 개선이 가능하므로 2003년도 우선 3개 시를 대상으로 시범실시(부산, 제주, 전주), 2004년 광주, 울산, 대구 3개 시에 건립하고, 2005년 부산(해운대, 금정, 북구, 사하구), 경기(수원, 동두천), 전북 등에 건립되었다.

중소유통 공동물류센터 건립을 위해 국비 30%, 지방비 40%를 무상으로 지원하고 있으며, 민자 30%만을 출자하도록 하고 해당 지자체 사업을 수행하도록 하고 있다.

(5) 유통업 공동물류센터 운영사례

- **대형유통 공동물류센터**

대형유통 공동물류센터의 기능들은 집하장을 비롯하여 상온창고, 냉동·냉장창고가 있다.

- 집하장
- 냉동·냉장보관고
- 배송장(옥외 배송장은 이벤트/전시 공간 활용)
- 전시/홍보시설(가변성 제고)
- 관리사무실
- 소분소포장/가공장(육가공장, 김치가공장 등)
- 상온보관고

- 검품검수실
- 현장판매장
- 냉동·냉장창고/저온창고/상온창고
- 주차장 및 기타 지원/편의시설

주요 운영 공동물류센터는 양재동물류센터, 창동물류센터, 청주물류센터, 천안물류센터 등이 대표적이다.

(6) 중소형유통 공동물류센터

중소형유통 공동물류센터의 기능은 단순한 상류기능 중심으로 시설되어 있다.

- 집배송장, 검품검수실
- 현장판매장
- 냉동·냉장창고/상온창고
- 주차장 및 기타 지원/편의시설

주요 공동물류센터는 경인물류센터, 충주물류센터, 제주물류센터, 일본 (주)야마가타 마루우오물류센터, 미국 JETRO 현장판매장 등이 있다.

(7) 해외 사례 비교

우리나라의 대·중·소유통 공동물류센터의 구분이 규모보다는 도매물류의 역할과 기능에 의해 이루어지고 있으며, 대형유통업 물류센터는 집배송장, 현장판장, 전시, 홍보, 저장, 가공시설을 갖추고 직접물류의 형태인 반면에 소형유통업 공동물류센터는 배송영역의 광역권(경인권, 중부권 등)이며, 처리 규모도 미미할 뿐만 아니라 배송 및 현장판매 형태를 가지고 있다.

미국은 대형유통 공동물류센터의 경우, 전국에 공동물류센터를 운영하고 보관 및 집배송시설, 냉동·냉장창고 및 농수축가공장, 사무실, 회의실 등의 지원 및 편의시설이 완비되어 있고, 소형유통업 물류센터의 경우, 철저한 현장 판매를 실시하고 One stop service가 가능하도록 기본시설 및 지원시설이 완비되어 있다. 이러한 공동물류센터들은 전국적이 네트워크로 형성되어 있으며, 배송의 효율성 제고를 위해 자가 배송, 제3자 물류, Cash & Carry를 활용되고 있다.

(8) 중소유통 공동물류센터 주요 시설

중소유통 공동물류센터의 시설은 집배송장, 현장 판매장, 저온저장고, 냉동·냉장창고, 소분소포장실, 가공장실, 상온창고, 지역특산물 판매장 및 전시/홍보 공간, 회의실, 전산실 및 기타 지원시설, 소매상지원 시스템 구축을 통한 거점공간을 제공하는 시설이 있다.

2.1.3 중소유통 공동물류센터의 기본설계

(1) 공동물류센터 Layout 설계

① 보관과 피킹 설비의 구분

제품의 거래처별 제품 량에 따라 피킹 기준이 파렛트단위, Box단위, Pole(타, 봉지)단위, 낱개(Piece)단위에 따라 달라지므로 기존의 공동물류센터들과는 달리 보관존(Zone)과 피킹 및 현장 판매장으로 분리하도록 하였다. 보관존(Zone)에서는 파렛트화로 보관을 하고 파렛트 단위 및 상자(Box)단위로 출고를 하도록 하였다. 피킹 및 현장판매존(Zone)에는 Pole(타, 봉지), 낱개(Piece) 단위의 피킹과 현장판매존(Zone)으로 사용하도록 하였다.

설비면에서도 보관존(Zone)에는 하이파렛트랙(6~7단 높이)을 설치하고, Double Rack Type과 VNA의 지게차를 사용함으로써 통로 면적을 최소화함으로써 면적당 보관량을 극대화하였으며, 피킹과 현장판매존(Zone)에서는 저층랙(3단 높이)을 설치하여 1, 2단에는 피킹과 현장판매를 위한 판매대로 사용하고 3단에는 이를 보충해 줄 수 있는 파렛트 단위의 보관이 이루어 질 수 있도록 설계하였다.

② 공동물류센터 건축 관련 조건

부지면적의 크기는 법정 주차소요 면적인 건물연면적 + 150~300(㎡) 주차소요 대수 산정하면, 일반적으로 부지면적의 15% 이상, 용도지역에 따라 20% 이상이 소요될 수 있다.

건물 내의 물류동선은 규모가 대형 One Way, 중규모 U자, 소규모 L자로 설계하는 것이 바람직하며, 캐노피(Canopy)는 눈과 우천 시 차량하역의 대기 공간용으로 보통 6~7m 정도가 일반적이며, 도크의 높이는 대형차량 약 1,200㎜, 중형차량 약 1,100㎜, 소형차량 약 900㎜가 이상적이다. 바닥하중은 2층 건물의 지게차 작업인 경우 약 1.5톤/㎡ 이상이어야 하고 방화구획은 바닥면의 면적이 일반적으로 1,000㎡마다 방화구획 설정하도록 되어 있다.

(2) Layout 배치

중소유통 공동물류센터 부지 5,000평을 임의로 선정하여 레이아웃을 배치하여 보면 1층에는 상온창고, 현장 판매장 및 냉동냉장창고 등을 설치하였고, 상온 시설을 제외한 면적에 2층 시설을 도입함으로써 2층에는 업무와 관련된 시설을 설계함으로서 물류기능과 업무기능을 분리시켜 설계하였다.

[표 2.1] 중소유통 공동물류센터의 주요시설

주요시설		운영 중의 시설배치 비율		권장 시설 면적 비율		비 고
		면적(평)	비율(%)	면적(평)	비율(%)	
1층	상온창고	318	15.9	700	35.0	단층
	매장 및 피킹장	854	42.7	900	45.0	1층
	냉장·냉동창고	54	2.7	100	5.0	1층
	농산물 구색	32	1.6	50	2.5	1층
	입출고장	112	5.6	150	7.5	1층
	물류관리 사무실	82	4.1	50	2.5	1층
	지원시설			50	2.5	1층
	소 계			2,000	100.0	
2층	사무실	50	2.5	300		2층
	회의실	118	5.9	250		2층
	2층 지원시설	380	19.0	400		2층
	소 계			950		
합 계		2,000	100	2,950		

(3) 중소유통 공동물류센터의 투자분석

중소유통 공동물류센터의 부지 5,000평을 설정하여 건설에 대한 투자비를 산정하였으며, 투자의 전제조건은 평당 부지구입비는 1,800,000원(서울 서남권), 평당 건축비 1,600,000원(기존 물류센터 평당 평균 건축비), 셀 당 랙설비비 50,000원(1,100×1,100㎜ 표준랙)의 인건비와 그 외 기준은 국가기관에서 발표한 자료 및 기존 중소유통 공동물류센터의 재무제표를 기준으로 하여 각 규모별 투자비를 산정하였다.

- 부지매입비는 5,000평 규모의 부지 구입비는 9,000,000천원으로 산정되었다.
- 건설비는 단지조성비(토목건설비) 1,249,951천원, 시설 건축비 3,200,000천원, 보관랙 설비비 500,000천원으로 건설비 총 4,949,951천원으로 산정하였다.

- 설계비 148,499천원, 장비구입비 762,240천원, 건설관리비 98,999천원으로 산정되었다.
- 공동물류센터의 총투자는 완공단계까지 총 14,959,689천원으로 산정하였다.

① **재무타당성 분석**

비용항목으로는 부지구입비 사업개시 년도 2005년 기준으로 9,000,000천원, 총투자비 14,959,689천원, 직원 인건비 565,000천원, 설비 유지비는 가동을 2006년부터 시작하여 2006년 133,352천원, 2011년 266,703천원 소요, 감가상각비는 2006년부터 181,939천원이며, 장비 감가상각 종료시점인 2016년부터 105,715천원으로 사정하였다. 기타비용은 매년 총매출액의 2.0%를 설정하였고, 법인세 비용은 35%를 적용하였다.

수입항목으로는 영업시작 년도(2006년)에는 60%가동, 1,815,600천원, 2010년에는 90%가동으로 3,026,000천원 설정하였다.

② **투자재원 조달계획**

중소유통 공동물류센터사업 수행을 위한 총투자 재원은 약 149억6천만 원 중에서 추진사업자 44억9천만 원(30%), 지방자치단체 59억8천만 원(40%), 중앙정부 44억9천만 원(30%)을 조달하도록 설정하였고, 지방자치단체와 중앙정부에서는 중소유통업의 발전을 위해 무상지원 하는 것으로 하였다. 사업자에 대한 투자금은 이자(연리 5%)만 지급하는 것으로 산정하였다.

- 차입금 이자지급 계획은 매년 고정금리 5%로 하여 224,500천원을 지급하도록 설정하였다.
- 중소유통 공동물류센터 사업의 손익분석을 한 결과 2005년에 사업을 착수하여 2006년부터 정상적인 영업을 개시하여 5년 만인 2010년부터 흑자전환이 가능한 것으로 나타났다.

[표 2.2] 공동물류센터 사업의 연도별 추정손익분석(5,000평) 단위 : 천원

년 도	수 입	지 출				
		투자비	인건비	시설유지비	감가상각비	지급이자
2005	–	4,490,000	–	–	–	224,500
206	1,815,600		565,000	133,352	181,939	224,500
2007	2,118,200		565,000	160,022	181,939	224,500
2008	2,420,800		565,000	186,692	181,939	224,500
2009	2,723,400		565,000	213,362	181,939	224,500
2010	2,723,400		565,000	240,033	181,939	224,500
2011	2,723,400		565,000	266,703	181,939	224,500
2012	2,723,400		565,000	266,703	181,939	224,500

년도	지 출	합 계	세전수익	제 세 공과금	당기순이익	누적순이익
	기타 비용					
2005	–	4,714,500	–4,714,500		–4,714,500	–4,714,500
2006	36,312	1,141,103	674,497		674,497	–4,040,003
2007	42,394	1,173,825	944,375		944,375	–3,095,628
2008	48,416	1,206,547	1,214,253		1,214,253	–1,881,375
2009	54,416	1,239,269	1,484,131		1,484,131	–397,244
2010	54,468	1,265,940	1,457,460		1,457,460	1,060,216
2011	54,468	1,292,610	1,430,790	500,777	930,014	1,990,230
2012	54,468	1,292,610	1,430,790	500,777	930,014	2,920,243

(4) 중소유통 공동물류센터 운영방안

- 기본 운영방향

우리나라 유통시장의 개방화 및 막대한 자금력이 있는 사업자들이 전국적인 네트워크 구축을 통해 유통시장에 진입함으로서 중소유통업들은 경쟁력이 상실되고 있다. 이러한 중소유통업을 활성화시키기 위해 산업자원부가 추진 중에 있는 중소유통 공동물류센터 건설지원 사업은 전국적인 네트워크 구축을 실현하여 규모화를 통해 공동구매 및 구매력을 강화시켜 중소유통업 경쟁력을 강화시키기 위한 사업으로서 부지 5,000평 규모를 임의로 선정하여 투자분석을 실시한 결과총투자비의 70%(국고 30%, 지자체 40%, 사업자 30%)을 정부로부터 무상으로 지원받고도 사업개시 5년째에 손익

분기점으로 전환되는 것으로 나타났다.

따라서 중소유통 공동물류센터 운영수익은 채산성이 매우 낮은 것으로 나타났기 때문에 중소 유통업의 활성화 대책은 지속적으로 강구되어야 하며, 또한 운영 면에서도 향후 전국적으로 공동물류센터가 증대됨에 따라 사업자와 운영주체 간의 관리감독이 필요하므로 이를 효율적으로 관리감독을 할 수 있는 공동물류센터관리운영위원회(가칭 위원회) 설치가 필요하다.

(5) 공동물류센터 사업운영 형태

① 공동물류센터 운영주체

현재 지자체에서 제안하는 사업운영 주체는 지역별 협동조합 또는 연합회(KOSA)중심으로 시행을 하거나, 자금력과 물류전문 경영능력을 갖춘 민간사업자(법인)가 참여할 수 있도록 하여 전국 네트워크화 구축을 통한 상품구매 비용의 절감과 운영비용의 절감을 실현시켜 영세유통사업자에게 이익이 돌아가게 하여야 한다.

지역물류센터의 운영주체로는 단독형과 컨소시엄 형태로 구분할 수 있으며, 단독형은 물류전문기업이 단독출자 형식과 컨소시엄 형태는 협동조합형, 연합회형, 민자형, 혼합형으로 제시할 수 있다.

지역의 특수성과 조합간의 가교 역할을 충실히 수행할 수 있는 지역협동조합형과 자금력과 운영력을 겸비한 물류전문기업을 운영사업자로 권고할 수 있다.

② 공동물류센터관리운영위원회 설치(안)

현재 추진 중에 있는 전국 30여 개의 중소유통 공동물류센터 건립사업을 성공적으로 추진·완료하여 지역 중소유통업으로 활성화를 정착시키기 위해서는 사업운영자와 운영을 객관적이고 공정할 수 있도록 관리감독 기능을 갖춘 "중소유통업공동물류센터관리운영위원회(이하 위원회라고 칭함)"을 설치하여야 한다.

"위원회"의 주요 기능은 운영주체로서 각 공동물류센터를 관리감독 기능뿐만 아니라 도매수수료율의 결정, 공동구매·공동마케팅을 담당할 운영주체의 선정, 중장기 발전계획 수립 및 기타 통합관리운영과 관련된 주요 의사결정 그리고 전문 인력 양성교육, 분쟁조정 역할, 불만처리신고센터 등을 수행하도록 하여야 한다.

(6) 향후 방향

유통시장이 개방화되면서 선진외국 유통기업과 대기업이 유통시장에 참여함으로써 그동안 국민생활 경제를 주도해왔던 중소유통업들은 경쟁력이 상실되어 도산 위기에 있다. 중소유통업들의 공동구매 및 배송을 통해 경쟁력을 갖추기 위해 공동물류센터를 건설하기에는 많은 투자(5,000부지에 419억)가 이루어져야 하기 때문에 자생력을 갖는다는 것은 매우 어려운 상황이다.

이러한 중소유통업을 활성화시키기 위해 정부에서는 향후 중소유통업을 지원하는 전국적으로 30여개의 중소유통 공동물류센터 건설 사업에 국고 및 지방비를 포함하여 총건설비의 70%를 무상으로 지원을 하고 있다.

향후 이러한 지원이 증대됨에 따라 효율적으로 관리 운영하기 위해서는 사업자와 운영주체 간의 관리감독 기능이 필요하고, 이를 효율적으로 관리감독을 할 수 있는 공동물류센터관리운영위원회(가칭 위원회) 설치가 필요하다.

공동물류센터관리운영위원회는 사업운영자와 운영을 객관적이고 정정할 수 있도록 관리감독 기능을 갖춘 "중소유통업공동물류센터관리운영위원회(이하 위원회라고 칭함)"을 설치하는 것이 바람직하다.

2.2 택배물류센터관리

2.2.1 택배물류센터관리 문제점

택배물류센터관리 중에서도 특히 검품과 피킹 부분에서 많은 부분이 자동화, 전산화를 통해서 사람에 의한 실수를 최소화할 수 있는 방향으로 나아가고 있지만, 여러 부분에서는 사람이 직접 일을 수행하고 처리해야할 상황이 존재함으로서 잘못된 업무의 수행이 발생하게 된다.

이러한 부문을 줄이기 위해서 사람의 실수에 대한 연구가 지속적으로 이루어지고 있고, 이를 이용해서 사람에 의한 오류를 정리하고 대안을 지속적으로 찾아낼 수 있다. 물류관리 중에서 입출고 부분을 중심으로 사람이 행하는 업무 중 발생할 수 있는 사람에 의한 업무 오류 부문을 정리하고 발생되는 문제를 분석한 내용이다.

입출고 현장에서 발생된 오출고 현황을 바탕으로 하여 다음과 같은 연구를 수행하였다.

첫째, 오출고 유형을 분리하고 각 유형별 데이터를 분석한다. 분석을 통해서 사람에 의해 발생되는 오류 중 어떤 것이 가장 많이 발생하는지 월별지수 및 전체지수를 산출해 낸다.

둘째, 발생된 유형에 대한 구체적인 사례를 통해서 발생되는 경우가 어떤 경우인지

정리를 하여 재발 방지를 위한 지침을 만들었다.

셋째, 각 오류사항에 대한 대안을 정리하였다.

[표 2.3] 오출고 데이터의 유형별 분류 기준

유형	내 용
전표오류	전표와 제품이 일치하지 않음
전표없음	제품 긴급 출고 시 반출증에 의해 제품은 출고되고 거래명세표는 익일 발생 및 제표 분실
실물없음	전표는 있으나 실물이 없음(제품 익일 도착)
라벨오부착	라벨 발행 시 오타, 라벨 부착 작업할 때 작업자 실수로 실물과 다른 레벨 부착
기종혼입	내상 및 외상 BOX에 타기종 혼입
수량부족	거래명세표보다 수량이 부족함
기종오출고	포장 시 작업자 실수로 타 기종으로 출고 됨 상차 시 타기종 상차로 인하여 다른 기종이 출고 됨
기타	반품, 출하검사성적서 오류, 기타오류 등 그 발생횟수가 적은 부분을 묶어서 표시함.

[표 2.4] 유형별 오출고 발생횟수

	전표 없음	전표 오류	실물 없음	수량 부족	기종 혼입	기종 오출고	라벨 오부착	기타
오출고 발생횟수	34	35	22	18	37	26	51	14

발생한 데이터의 문제점을 중심으로 오출고 발생 유별 원인분석을 요약해 보면 [표 2.5~2.10]과 같다.

오출고 발생을 세분하여 '전표오류', '전표 없음', '실물 없음', '수량부족', '기종혼입', '라벨오부착', '기종오출고' 유형으로 순으로 나열하였다.

[표 2.5] 오출고 발생 유형별 원인분석 1

	내 용
전표 오류	• 전표발행자의 실수로 거래선 명을 잘못 발행하여 오류가 발생함. • 선납품은 수작업전표 처리를 하고 후에 발생한 물품의 납품량을 선납품한 만큼 조정하여 출고 의뢰하였으나, 납품지에 본 내용이 전달이 되지 않아 오출고로 판단됨. • 전표발행자의 착오로 전표발행기에 오입력. • 영업상원이 출고 담당자에게 기종명을 잘못 알려주고 선출고함.
전표 없음	• 긴급 출고로 인해서 제품이 바로 출고 되었지만, 이 전표는 그 다음날 발행되었음. • 2개의 기종이 동시에 출고되었는데 전표 발행자의 착오로 전표발행 나머지 1개 기종을 누락시킴. • 출고할 제품이 아니었는데 납품기사의 착오로 전표처리가 안된 상태에서 제품을 상차하여 출고시킴. • 영업사원의 긴급출고 요구로 제품 선출고 후 전표는 차후 발행. • 출고시점에 전표발행기 에러발생으로 제품 선출고 후 전표는 차후 발행. • 거래처 담당 영업사원의 휴가 중 거래처의 긴급입고 요구로 영업부서에서 수작업 전표발행 후 택배이용 긴급출고. • 생산과 전표발행 담당자가 출고될 제품의 실물을 확인한 후 포장명세서에 의한 전표발행 시 착오에 의한 기종누락.

[표 2.6] 오출고 발생 유형별 원인분석 2

	내 용
실물 없음	• 전표는 이미 도착을 하였으나 실제 제품 실재고 부족으로 인해서 제품은 익일에 도착하였음. • 전표가 도착되었으나, 실물이 없어 영업담당자에게 연락하여 전표를 삭제시킴. • 영업사원이 출고 의뢰 하였으나, 여분의 공박스(100EA용)가 없어서 불가능 통보를 하였음. 하지만, 전표처리만 요구하여 납품처에 전표만 전달되었음.
수량 부족	• 제품 외상 BOX 내에 내상 제품 BOX 대신에 빈 BOX가 포장되어서 수량부족 발생. • 제품이 출고검사 이후에 포장되지 않아 수량이 부족한 상태로 출고됨. • 출고 담당자가 출하 BOX 단위의 수량은 당일 바로 출고가 불가능하다고 통보가 옴. • 전표 처리는 전체를 다 하고, 실 수량은 기본 BOX 단위인 100 단위까지만 처리됨. • 설비의 오동작으로 제품이 Taping되지 않은 채 수량만 체크되어서 출하검사 시 체크되지 아니하고 출고 됨. • 출하검사 시 불량판정으로 전수 재검 후 재포장 과정에서 포장 작업자의 착오로 포장 누락됨.

[표 2.7] 오출고 발생 유형별 원인분석 3

	내 용
기종 혼입	• 부족수량에 대한 보충작업 시 작업자 실수로 작업대의 제품을 기종을 확인하지 않고 무의식중에 삽입하여 기종이 혼입됨. • 작업자가 잔량을 수가하지 않은 채 다음 Lot를 연속으로 작업함으로써 기종이 혼입됨. • 최초 포장공정 잔량 발생분에 대한 물류창고 운반시 문제기종과 외상박스 내 동일 적재 후 잔량기종에 대한 기종별 미구분 상태에서 외상박스별 로케이션에 적재 보관하였는데, 출고 시 외상박스 단위에 라벨기종, 수량만 체크한 상태에 출고하여 오출고가 발생함. • 출하 검사자가 특성검사에 의해 채취한 샘플의 수량에 대해 포장작업자가 타 기종으로 채워 넣어서 혼입됨. • 운반과정에서 2개의 기종을 동시에 운반대차에 실어서 가져와 작업자가 실수로 혼입함. • 작업자의 실수로 인해서 내상 및 외상 BOX에 타기종이 혼입됨. • 출고 담당자가 제품 기종명을 잘못 인식하여 피킹 시 타 기종을 혼입. • 작업자가 남은 재고를 잘못 알고 다른 기종의 라벨을 부차가여 혼입 출고됨. • Taping 외관 검사 시 불량품을 선별하여 양품으로 재삽입하는 과정에서 작업자의 실수로 타기종이 오삽입됨. • 외주업체 출고 시 작업자의 착오로 제품 기종명을 잘못 인식하여 타 기종을 혼입 출고함. • 외관검사 및 선별공정에서 2개의 기종을 동시에 샘플링하여 검사 시 작업자 착오로 서로 혼입함.

[표 2.8] 오출고 발생 유형별 원인분석 4

	내 용
기종 혼입	• 실제 출하된 제품의 실물의 두께 표기가 잘못되어서 부적합 사항으로 되돌아옴. • 오부착된 라벨이 출하검사(품질관리)에서 체크되지 못한 채 거래선에 출고됨. • 바코드 라벨부착작업 시 작업자 실수로 실물과 다른 라벨을 부착하여 제품을 출고함. • 라벨발행 담당자 이외에 다른 작업자가 대신 라벨을 발행하는 과정에서 착오에 의한 오타발생. • 수입품의 입고 시 생산업체의 자체 라벨이 부착된 것을 당사의 라벨로 재부착하는 과정에서 착오에 의해 라벨오부착함. • 라벨발행 담당자가 사양서를 정확히 확인하지 않고, 납품처 품번 대신 타 회사의 품번으로 라벨을 발행. • 라벨발행 시 에러가 발생하여 잘못된 번호의 라벨이 인쇄되었고, 이를 작업자가 체크하지 못하고 부착함. • 라벨인쇄의 프로그램 오류로 소숫점 인식을 못하여 잘못 인쇄. • 인쇄 시 라벨지가 밀려 제대로 기록되지 않은 불량라벨을 작업자가 확인하지 않고 부착함. • 작업자의 실수로 라벨을 거꾸로 붙임. • 2개의 기종을 동일 작업대에서 동시에 작업하는 과정에서 작업자의 착오에 의한 라벨 오부착 발생. • 포장 작업자가 불량 제품에 대한 재작업 시 제품을 잘못 인식하여 라벨 인쇄 및 부착 시 오류발생. • 설계 변경된 사항을 변경하지 않아서 기존의 라벨을 그대로 적용하여 출고.

[표 2.9] 오출고 발생 유형별 원인분석 5

	내용
기종 오출고	• 제품의 상차 시 옆에 있던 다른 제품을 잘못 상차하여 오출고 되었음. • 담당자가 승인규격을 잘못 알고 있어 제품 두께가 상이한 제품이 출고됨. • 제품 상차 시 실수로 인해서 출고 되는 제품 중 하나는 2박스 부족하게 출고되고, 하나는 2박스가 더 출고됨. • 출하 담당자의 업무 착오로 장기재고(구 사양)를 출하함. • 출하 담당자가 제품 상차 시 유사기종을 혼돈하여 제품을 출하함. • 출고 담당자가 제품 상차 시 기종 명을 잘못 인식하여 타 기종을 상차함. • 긴급출고를 요구하여 출고 담당자가 정확히 실물 확인을 못한 채 기종을 잘못 인식하여 타 기종을 상차함. • 운송업체 작업자 착오에 의한 선적오류 수작업 라벨발행 시 추가로 Taping 됨. • 기종을 다른 기종으로 인식하여 라벨을 잘못 붙인 후 출고함. • 긴급 대응(출하)하기 위해 타 기종 명으로 임시 출하하였다가 정상 입력이 된 후에도 임시 등록한 기종을 출하하여 발생함. • 라벨 인쇄상태 불량의 것을 작업자가 추가로 발행하는 과정에서 필요보다 더 많은 양이 발행된 것을 부착하여 출고함. • 라벨을 부착하는 작업에서 작업자 실수로 제품에 다른 기종을 라벨을 부착함.

[표 2.11] 오출고 발생 유형별 원인분석 6

	내용
기타	• 반품 : 납품지의 휴무를 모르고 납품을 갔다가 다시 돌아옴. • 출하검사성적서 오류 : 출하검사성적서 출력과정에서 시스템 오류로 용량값이 잘못 발행됨. • 출하 담당자의 전산 데이터 입력오류로 두께가 잘못 오기입됨. • 거래처를 잘못 인식하여 발생한 오출고 • 해외공장의 조립공정에서 제품에 부착하는 라벨을 부착하지 않고 돌아온 경우 • 벌크상태의 제품을 Stick에 재포장하는 과정에서 (−)극을 먼저 삽입해야 하는데 (+)극을 먼저 삽입하여 위치가 바뀜. • 제품의 외상박스에 거래처를 잘못 표기한 경우와 거래처의 출하검사 지연 후에 긴급 • 상차하는 과정에서 다른 곳으로 갈 제품을 싣는 경우가 발생.

택배물류센터의 입출고장은 항상 분주하다. 왜냐하면 바코드의 문제점으로 한 번의 스캔으로 하나의 바코드라벨을 읽게 되므로 물품 입출고 장소의 작업자는 항상 바쁘게 움직여야 한다. 입고될 물품이 종종 한꺼번에 밀려드는데 일정한 크기의 물품도 아니고 일정한 파렛트도 아니다. 그러므로 항상 많은 인력의 검수/검품원들이 신속하게 검수/검품작업을 실행하여야 하므로 수작업 에러가 발생한다. 담당 입고관리 담당자가 있는데도 불구하고 각 포장목록은 주문 파일과 일치해야 하기 때문에 바코드를 통해 확인하여야 한다. 심한 경우에는 상당한 미처리 입고 대상 물품이 입고 장소에 쌓이게 된다. 날씨가 흐리거나 안개가 꼈을 때, 먼지나 더러움이 묻었을 때, 찢어졌거나

레이저빔의 방향이 틀렸을 때 등 정보를 읽지 못하는 경우가 많다.

이럴 땐 수작업으로 일일이 바코드번호를 입력해 넣어야 하는 불편이 있다. 또 바코드 판독기가 자외선을 사용한다는 점에 착안해 눈에 보이지 않는 바코드를 사용한다고는 하지만 이를 인쇄하는 잉크가 너무 비싸고 제대로 읽을 수 있는 방향을 잡는데 어려움이 있다.

컴퓨터에 의한 정보처리과정이 자동화된다면 정보입력의 자동화가 필요해진다.

[표 2.11] 바코드인식의 문제점

유 형	문제점
정보	• 추가정보를 원할 때에는 또 다른 바코드 라벨을 부착해야 함. • 정보변경이나 추가가 용이하지 않음.
검수/검품	• 개별상품에 부착된 바코드 한 개씩 밖에 읽지 못한다. • 물량이 많을 때 불편함. • 일일이 들어 바코드 인쇄면을 바코드 리더기로 읽어야 됨.
인식오류	• 날씨가 흐리거나 안개가 발생될 경우 인식이 안 됨. • 물, 기름, 먼지나 더러움이 묻었을 때 안 됨. • 찢어졌을 때 안 됨. • 고온에서 인식 안 됨. • 레이저빔의 방향이 틀렸을 때 등 정보를 읽지 못함.

2.2.2 물류센터 관리시스템

(1) 물류센터관리시스템의 관리업무

택배물류센터의 물류센터관리시스템(Warehouse Management System)은 입출고 프로세스를 처리하는 시스템으로 효율적인 입출고 프로세스 처리 및 그에 따른 비용정산, 재고관리 등이 주 기능이며 재고보관비 절감방안, 재고보관 정책설정, 물류센터 관리와 입출고 프로세스의 정책적 요소를 제공한다.

물류센터관리시스템에 있어서 재고관리의 주된 목표는 물류센터와 각 지점의 재고조정의 경제성 유지와 고객의 수요를 대비하기 위해 계획된 각 지점의 적정 서비스 수준의 달성이다.

물류센터관리시스템은 효율적 물류센터관리를 통하여 대고객 서비스의 향상과 물류비용 삭감을 그 목적으로 하고 있다. 입고에서 운반, 보관, 피킹, 출고까지의 전체 입출고 과정을 종합적으로 자동화한다. 먼저 통상적이고 반복적인 활동을 자동화하고자 하는데 자동화는 주문입력과 재고관리를 비롯하여 화물혼재, 운송업자 선정 및 평가,

복잡한 의사결정 등으로 점차 확대되어 가고 있다.

효율적인 물류관리를 위한 새로운 물류센터관리시스템을 구성하기 위해서는 단계적인 절차에 입각하여 시스템을 조정·통제하기 위한 수단으로서 피드백 효과를 충분히 살려 기업의 전략적인 물류센터관리시스템을 모델화하여 물류센터관리시스템에 영향을 미치는 환경변수나 기타 변수들의 변화에 대해 보다 탄력성 있는 반응을 보일 수 있는 시스템을 구성하는 것이 효율적이다.

(2) 물류센터 관리시스템의 중요성

자사물류에서 아웃소싱 함으로서 물류비 절감을 통해 원가우위 확보가 필요하고 모든 업체들이 재고를 최적화하고 고객니즈에 맞는 상품을 적시에 제공하여 고객 만족을 극대화하기 위한 공급망 관리의 확산이라는 점에서 물류센터의 물류센터관리시스템은 고객서비스와 적시공급체계가 강조되는 현 상황에서 그 중요성이 더욱 증대되고 있다.

물류센터관리시스템의 중요성을 세 가지 측면으로 나눌 수 있는데 사회 환경적 측면과 경제 환경적 측면, 기술적 측면이다. 물류센터관리시스템의 중요성을 요약해보면 [표 2.12]와 같다.

[표 2.12] 물류센터관리시스템의 중요성

구 분	물류센터관리시스템의 중요성
사회 환경적 측면	• 다양한 품목과 다단계 물류관리를 효율적으로 초래할 수 있는 통합된 시스템인 공급사슬관리 등장 • 모든 업체들이 재고를 최적화하고 리드타임을 단축하여 비용절감을 꾀하고, 고객니즈에 맞는 상품을 적시에 제공하여 고객 만족을 극대화하기 위한 공급망 관리의 확산
경제 환경적 측면	• e-비즈니스 환경에서 전자상거래 자원을 위한 물류의 중요성 대두하여 시장 선도형 인터넷 기반의 물류센터관리 시스템 필요 • 향후 자사물류에서 2자물류, 3자물류로의 발전이 물류산업의 국가적 화두이며, 핵심역량을 강화하고 비핵심부분은 아웃소싱 함으로서 물류비 절감을 통해 원가우위 학보 필요함 • 생산물류, 유통물류와 수출입 물류간의 연속적 연계 요구
기술적 측면	• 유연화 : 업무흐름에 의한 다양한 물류 프로세스 지원 및 개방형 아키텍처 • 가시화 : 공급망 및 망간의 통합 모니터링 및 창고 공간 활용의 효율성 분석을 위한 가시적 표현 • 최적화 : 적치, 적재, 피킹, 패킹등 계획 알고리즘의 고도화와 분석/의사결정 지원 • 통합화 : ERP, SCM, CRM, e-Procurement 등 타 시스템 연계를 위한 통합 인터페이스 엔진 개발

(3) 물류센터관리시스템의 효과

물류센터관리시스템의 효과를 다섯 가지 측면으로 나눌 수 있는데 업무 운영 측면과 기술적인 측면, 고객 서비스 측면, 투자비용 측면, 시스템 측면이다. 물류센터관리시스템의 효과를 요약해보면 [표 2.13]과 같다.

[표 2.13] 물류센터관리시스템의 효과

구 분	물류센터관리시스템의 효과
업무 운영 측면	• 작업 표준화로 Load Time 단축 • 작업 정밀도 향상 • 작업 생산성 향상 • 표준화된 업무처리 프로세스 제공 • 운영통합을 통한 사이클 타임의 단축
기술적인 측면	• 실시간 정보공유로 업무 생산성 향상 • 시스템에 의한 업무 단순화 및 표준화 실현 • 향후 확장을 지원하는 개방형 시스템 • 지속적인 추가 신기술 도입을 위한 기반 구축 • 자동인식기술 도입으로 물류관리의 효율성 향상
고객 서비스 측면	• 오배송율 감소로 고객 주문 신속 대응 • 손해배상 비율 감소 • 인터넷을 통한 서비스 제공 • 향후 e-비즈니스를 통한 대고객 서비스 지원
투자비용 측면	• Paperless 환경에 따른 비용절감 • 재고비용 절감 • 노무비용 절감 • 정확한 로케이션 통제로 창고이동 공간 확대 • 손해배상에 따른 비용 감소
시스템 측면	• 프로세스 전환에 유연한 시스템 • 시스템 연동을 통한 데이터 무결성 확보 • 새로운 기술에 유연한 아키텍처 • 확장성 유지

(4) 물류센터관리시스템의 정보

각 기업의 물류와 관련된 흐름을 살펴보면, 먼저 시장의 예측을 기반으로 생산 또는 구매 계획을 수립하게 된다. 이와 같이 수립된 계획에 의거하여 생산지시 또는 발주가 행해지며, 생산된 제품의 입고 예정 정보(ASN : Advanced Shipping Notice)가 물류관리부분에 정보로 전달된다. 물류센터관리시스템은 입고 예정 정보를 기점으로 입고 계획을 수립하고 계획에 따라 입고 검품, 격납 처리를 하고 그 실적을 상위시스템에 전달한다. 또한 고객의 주문이나 보충 계획 등에 의거하여 수신된 출고지시 정보를 근거로 보관되어 있는 물품의 피킹에서부터 패킹, 상차, 출고 및 그 실적을 상위시스템에 연계시키는 업무를 지원한다. 그 외 물류센터 내에서 발생하는 재고조사, 각 작업자의 업무 실적 등과 관련된 성과관리업무도 지원한다.

물류센터 내의 재고를 정밀하게 실시간으로 추적/통제하여 물류센터의 적재 공간 및 작업효율을 극대화함으로써 물류센터 운영을 기간 물류시스템과의 연계운영을 전제로 지역 경계를 벗어나 다수의 물류센터를 체계적인 통합관리를 통하여 새로운 이윤을 창출할 수 있다.

물류센터 내의 다양한 운영 형태를 규정하는 기준정보관리를 비롯하여, 물류센터 관리의 핵심이 되는 입하관리, 출하관리, 재고관리 그리고 각종 무선 단말 형태(RF : Radio Frequency 또는 PDA : Personal Digital Assistant)의 업무를 지원한다. 즉, 물류센터에서 이루어지는 모든 내용을 데이터베이스화하여 필요한 모든 곳에 필요한 정보를 실시간으로 제공하며, 그 정보를 이용하여 기업은 원활한 기업 활동을 위한 신속한 의사결정을 할 수 있도록 하는데 그 의미가 있다는 것이다.

거의 모든 회사에서 고객 주문을 제품의 누적 리드 타임(cumulative lead time)보다 빨리 출하해야만 한다. 이는 기업이 재고생산방식에 의해서 제품들이 시장에서 살아남기 위한 방법이기도 한다. 즉, 제품을 먼저 만들어서 고객주문이 들어오기 전에 생산품을 완제품 재고로 쌓아둔다. 주문생산 방식의 기업입장에서 보면 이는 모든 원자재가 이미 구매되어져 있고, 생산이 고객주문에 앞서 미리 시작되어야 하는 일이 빈번하게 발생되어야 함을 의미한다.

2.3 제조기업 물류센터

국내 기업들의 물류비는 매출액 대비 15%로, 미국이나 일본의 기업들에 비해 약 2배에 달해 국제 경쟁력 저하의 중요한 요인이 되고 있다. 또한 국내 기업물류비중 수송비와 보관비가 전체 물류비의 50%이상을 점유하고 있는데, 특히 제조업의 경우 수송과 보관 항목의 물류비 비중이 64.5%에 달해 기업의 경쟁력 약화에 결정적 요인이 되고 있다.

국내 제조기업들은 물류비절감을 목적으로 제물류비 중 가장 큰 비중을 차지하고 있는 수송비를 줄이기 위해 수·배송 물류개선에 많은 노력을 기울여 왔지만, 수송비는 도로, 항만 등 사회간접자본의 확충과 밀접한 관련을 갖고 있기 때문에 개별기업의 노력으로 이를 줄이는데 한계가 있다. 따라서 개별 기업의 차원의 물류비 절감 노력이 보다 효과적으로 이루어지기 위해서는 제품이나 자재의 보관, 재고유지, 정보처리 등과 관련된 물류비절감을 위한 노력이 필요하다. 그리고 이들 항목도 전체 물류비 중 30% 이상을 차지하기 때문에, 이에 대한 효과적인 개선은 기업 경쟁력 향상에 유효한 수단이 된다.

실제로 효율적인 물류비 절감과 물류 네트워크의 구축을 통한 경쟁력 확보를 목적으로 많은 기업들이 물류센터를 구축 운영하고 있다. 그러나 대부분의 국내 기업들은 물류센터 운영을 위한 전문적인 노하우가 결여되어 있고, 처리 물량 또한 충분치 않아 시설의 보관 및 운영 효율이 저조한 수준에 머물러 있다. 대한상공회의소에 따르면 1997년 국내 제조기업들의 자가물류센터 보관 효율이 77% 정도에 그친 것으로 나타나 투자 및 운영 효율면에서 기업들이 독자적으로 물류센터를 건립·운영하는 것이 매우 비경제적이라고 판단할 수 있다.

또한 최근 시점은 경제 상황에 비추어 우리나라 기업들의 물류합리화가 이전 보다 더욱 필요함에도 불구하고, 물류시설에 대한 투자가 위축되고 있어 향후에는 보다 높은 물류비용을 유발할 가능성을 안고 있다. 따라서 이러한 문제를 해결할 수 있는 방안의 모색이 절실히 요구되고 있다.

2.3.1 제조기업 물류센터 운영의 문제점

우리나라 제조 기업들이 물류센터 운영과 관련하여 당면하고 있는 문제점은 아래와 같이 요약할 수 있다.

첫째, 물류센터의 자동화와 기계화율이 매우 낮다. 물류센터 운영의 합리화를 평가할 경우 가장 먼저 고려하는 것은 물류센터 시설의 자동화와 기계화이다. 왜냐하면 자동화와 기계화는 물류센터의 운영을 합리화하는데 가장 기초적인 수단으로 이를 통해 생력화와 화물 파손의 방지, 재고 정확도의 향상 등 운영의 합리화를 달성할 수 있기 때문이다. 그러나 상공회의소의 기업 물류관리 실태조사 자료에 의하면 응답 업체 중 자동화된 창고를 보유하고 있는 업체는 15.4%에 불과한 실정이다. 또한 상하차시 지게차 등을 이용하여 기계화된 상하역을 하는 비율도 66.9%에 불과한 것으로 조사되었으며, 파렛타이징, 라벨부착 등과 같이 미국, 일본 등 선진국에서는 보편화된 기계화 장치를 활용하는 기업도 조사 대상업체 중 20% 이하로 나타났다. 이로 인해 우리나라 제조 기업들의 물류센터 생산성은 매우 낮은 수준에 머물러 있다.

둘째, 자가물류센터의 위치가 생산지와 동일 혹은 인접 지역에 위치하고 있다. 상공회의소 조사 자료에 의하면 우리나라 제조 기업들이 보유하고 있는 물류센터들은 대부분 제조 시설과 동일한 지역에 위치하고 있는 경유가 60%에 달하고 있다. 이는 물류를 기업 전략적 차원에서 접근하기보다는 아직도 대부분의 기업들이 생산 과정의 일부로서 인식하고 있다는 것을 보여주는 것이다. 즉, 물류센터의 입지는 기업의 물류 전략적 차원에서 물류서비스 수행이 가장 효율적으로 수행될 수 있는 위치에 입지해 있어야 하며, 이러한 관점에서 소비지와 쉽게 접근할 수 있는 곳이나, 교통의 중심지에 위치하는 것이 보다 유리할 것이다. 따라서 물류센터를 제조시설과 동일한 위치에 두게 될 경우 물류공동화나 물류센터를 축으로 하는 물류 합리화가 많은 제약을 받을 수밖에 없다.

셋째, 전문화된 물류 인력이 거의 없다. 물류센터 운영의 합리화를 위해 필수적으로 수반되는 물류 네트워크의 구축, 재고관리 시스템의 구축, 오더피킹 등을 효율적으로 수행하기 위해서는 OR, 컴퓨터 등에 많은 지식을 가지고 있는 전문가들의 보유가 필수적이다. 그러나 우리나라 기업들에서 물류를 담당하는 인력은 현장 종사원들이 주류를 이루고 있으며, 대부분 기업의 물류 부서는 전문지식을 갖춘 물류담당자들이 극히 드물기 때문에 기업들의 물류관리가 아직도 매우 낮은 수준에 머물러 있다. 이는 물류센터의 생산성 향상에도 많은 저해 요인이 되고 있는 것으로 판단된다.

넷째, 유관 업체와 업무 제휴 혹은 외주(Outsourcing)를 통한 시너지 효과의 창출이 부족하다. 우리나라 제조 현장에는 타 업체와의 업무 제휴나 외주 등이 광범위하게 전개되고 있음에도 불구하고 물류 현장에서는 아직도 대부분의 기업들이 물류관리의 전영역을 단일 기업이 수행하는 형태로 이루어지고 있으며, 하역 등 단순 노동을 활용하는 극히 제한적인 영역을 제외하고는 물류관리에 전문 외부업체를 활용하는 경우가 거의 없는 실정이다. 그러나 물류 업무에 있어서 시너지 효과를 창출하기 위해서는 보다 전문적인 노하우를 요하는 수·배송 관리, 물류센터의 운영, 정보처리 등에서 아웃소싱이 이루어져야 할 것이다.

다섯째, 물류관리 시스템의 활용이 거의 이루어지지 못하고 있다. 현재와 같이 기업 혹은 물류환경이 급변하는 시대에는 리드타임, 수요율 혹은 패턴, 수·배송 시간 등 물류센터관리의 주요 변수들의 변화에 대응하여 물류센터관리 방법들이 변경되어야만 고객의 요구에 즉각적인 대응이 가능하고 물류센터 운영의 효율성도 제고할 수 있다. 그러나 물류관리 변수들의 변화에 즉각적인 대응하기 위해서는 이러한 변화가 현재의 체계에 어떠한 영향을 주고 있으며, 변화 시 어떠한 효과를 미칠지에 대한 신속한 분석과 대안수립이 필요하다. 이러한 분석과 대안수립을 위해서는 방대한 자료가 필요하기 때문에 물류관리를 전문으로 수행할 수 있는 컴퓨터 시스템이 요구된다. 그러나 우리나라 대부분의 기업들은 입출고 수량 및 현재고의 파악, 수발주 스케줄 관리 등 극히 제한적인 분야에만 전산화가 도입되어 있고, 물류센터관리 전체의 효율성 극대화를 위한 활용은 아직 이루어지지 못하고 있다.

2.3.2 기존 물류공동화 시설 운영 현황 및 문제점

(1) 물류시설 공동화의 의의

물류공동화란 일반적으로 물류활동에 필요한 노동력, 수송수단, 보관시설, 정보시스템이나 도로, 항만, 공항 등 물류인프라를 복수의 파트너와 함께 공유하여 물류활동을 하는 것을 의미하며, 공유하는 물류자원의 종류에 따라 공동수·배송, 공동물류센터 등으로 구분될 수 있다. 또한 공동화에 참여하는 업체의 종류에 따라 공동화로 분류되기도 한다.

물류공동화는 물류수요에 대응한 단일 기업의 처리 능력을 증대시키고, 물류수요에 대응한 단일 기업의 처리 능력을 증대시키고, 물류효율화를 진전시키기에 매우 합리적인 수단이다. 일본에서는 기업 물류비 절감과 수비자에 대한 물류서비스를 향상시킬 수 있는 물류시스템으로 1960년대부터 물류공동화를 적극 추진하였다. 일본의 정부와 기업들이 물류체계의 고도화를 통한 물류비절감 수단으로 주로 추진하였던 정책과제들로는 ① 물류공동화 단지 건설을 통한 물류수급의 집중화와 효율화, ② 공동수·배송 시스템의 구축, ③ 물류표준화의 추진 등이 있다.

일본에서 물류공동화 단지 건설이 시작된 것은 도심지역에 유통업무시설이 과도하게 집중되어 유통기능의 저하 및 자동차 교통체증을 유발시키고 있기 때문에 유통업무 시가지 정비에 관한 사항을 규정하여 국가 전체의 효율적인 물류운송체계를 구축하고, 유통기능의 향상 및 도로교통의 원활화를 통해 도시기능을 증대하는 것이 목적이었다. 단위 기업 차원에서 자사의 물류효율화를 위해 물류 거점 시설을 확보하는 것도 부분적으로는 물류체계 개선에 도움이 되지만 창고시설, 수·배송시설, 유통가공시설, 화물터미널 등을 집단화한 물류단지를 건설하여 공동으로 이용할 수 있도록 하는 것이 국가 전체적인 물류체계를 개선하는데 더욱 효과적이기 때문에 물류시설을 집단화한 것이다. 또한, 이는 자체적으로 선진화된 물류센터를 건설할 여력이 없는 기업들의 물류효율화를 위한 중요한 수단이 된다. 공동물류센터가 선행이 되면 공동 수·배송과 물류표준화가 효과적으로 진전될 수 있으며, 이를 통한 거점 수·배송체계의 구축은 현재 물류 부분에서 문제되고 있는 직송중심의 수송체계에서 파생되는 교통체증, 공차문제 등을 효과적으로 해결할 수 있다.

(2) 국내 물류공동화 단지 운영 현황 및 문제점

물류시설 공동화 추진 방향은 크게 일본이 주로 추진하고 있는 물류단지 개발방식과 미국이나 유럽에서 주로 추진되고 있는 단일 기업에 의한 제3자 물류방식이 있다. 우리나라는 정부 주도의 물류시설물 공동화 사업이 주를 이루고 있기 때문에 일본의 형태를 따라 물류 단지 개발에 의한 물류 시설 공동화가 주로 추진되고 있다. 현재 국내에 조성 및 운영되고 있는 물류공동화 단지는 개발 주체에 따라 크게 다음 3가지 유형으로 구분할 수 있다.

첫째, 정부의 자금지원과 수 개의 민간업자가 공동으로 개발한 형태가 있다. 이러한 사례는 부곡과 양산의 복합화물터미널을 들 수 있다.

둘째, 중소기업 진흥공단이 중소기업의 물류애로를 해결하기 위해 물류공동화 단지를 건설한 후 중소기업에게 임대해 주는 형태가 있다. 중소기업 진흥공단이 조성하여 중소기업들에게 임대한 창고는 조성이 완료된 향남제약공단 창고를 비롯해 17개소에 이른다.

셋째, 유통업 관련 협회 등이 회원사들의 물류합리화를 위해 설립한 형태가 있다.

이러한 예로는 한국 슈퍼체인협회가 설립한 한국물류(주)의 용인 집배송단지에 건설한 공동화 시설이 있으며, 현재 중소상인 연쇄점협회가 설립한 대한물류(주)가 추가로 공동화 물류단지를 건설하고 있다.

우리나라 물류공동화 시설의 특징은 대부분 유통업자들이나 물류기업을 위한 시설로 이러한 기업들의 물류관련 비용을 절약하고 부지획득 및 건설을 용이하게 하기 위해 추진되었다. 그 결과 대부분의 공동화 시설이 단순히 동일지역에 단지형태로 건설되었을 뿐 운영의 공동화를 통한 시너지 효과는 얻지 못하고 있다. 즉, 대부분의 공동화 시설 형태는 공동 물류단지를 이루고 있다. 그러나 공동화 단지에 입주해 있는 모든 기업들은 건물의 일부를 영구 임대 혹은 기간별로 임대하여 사용하지만, 운영은 입주기업 각각이 독립적으로 하고 있어 실질적인 측면에서는 자가물류센터로 기능하고 있다. 이에 따라 수·배송도 대부분은 자가 차량이나 제3의 수송업체에게 위탁하는 형태로 이루어지고 있는 실정이다.

이로 인해 국내 물류 공동화 시설은 운영 효율성이 낮아, 제조 기업들이 선호하지 않고 있다. 이러한 국내 물류공동화 시설들이 안고 있는 문제점을 다음과 같이 요약할 수 있다.

첫째, 모든 공동화 시설들이 단순 시설임대업 수준으로 운영됨으로써 공동화 시설 운영주체들은 주된 수입원을 임대료 수입에 의존하고 있다. 따라서 대부분의 공동화 시설들은 재정적인 측면에서 심각한 적자를 면치 못하고 있기 때문에, 물류 전문 인력의 부족으로 입주 업체들에게 보다 차원 높은 물류서비스를 제공할 수 있는 여건도 갖추지 못한 상태이다.

둘째, 물류공동화 시설의 입주업체들이 주로 물류전문기업이나 유통업체들로 이루어져 있다. 이들은 자체적으로 물류 인력을 상당히 보유하고 있으며, 물류서비스를 통해 부가가치를 창출하기 때문에 유사업종 간 공동화를 통한 시너지효과 창출을 기대하기 힘들고, 경쟁적 관계에서 영업활동을 영위하고 있다. 따라서 물류시설 공동화를 통해 시너지 효과를 얻기 위해서는 상대적으로 물류관련 인력이나, 전문지식이 부족인 제조업을 대상으로 공동화가 추진되어야 할 필요가 있다.

셋째, 물류공동화 시설 대부분이 생산지와 수요지에서 멀리 떨어진 장소에 위치하고 있어 제조 기업들에게 특별한 이점이 없다. 제조 기업들 입장에서는 물류센터가 공장 근처나 수요지 근처에 입지해 있어 물류비를 절감할 수 있어야 하나, 대부분이 생산지와 소비지 중간에 위치하고 있다. 따라서 공동화 단지를 이용하기 위해서는 1회 이상의 추가적인 운송 및 상·하차가 필요하기 때문에 오히려 물류비를 증가시키는 요인으로 작용하고 있다.

넷째, 물류공동화 시설이 단순한 창고 기능만을 제공함으로서 대상 기업들에게 입주를 위한 유인을 제공하지 못하고 있다. 물류공동화 시설이 활성화되기 위해서는 입주사들에게 단순한 창고기능 외에 부가적인 효용을 제공할 수 있어야 한다. 일본의 경우 공동화 시설들은 공동화 단지 내에 판매 업무 시설을 동시에 구축함으로써, 보관과 판매가 가능한 유통단지를 건설하여 입주 업체들에게 많은 경제적 유인을 제공하고 있다. 국내에서도 단순히 물류공동화 시설만으로는 대상 기업들에게 유인을 제공할 수 없기 때문에 공동화 시설의 활성화를 위해서는 소비지 인근에 위치하여 보관 판매가 가능한 유통업무시설로의 개발이 절실히 요구되고 있다.

(3) 물류센터내 운영 설비 현황

물류센터에서 운영되는 저장장비는 사용되는 화물의 특성에 따라 다양하다. 그림 2.1은 파렛트 랙을 나타내고 있다. 파렛트 랙은 가장 광범위한 용도로 이용되고 있으며 지게차를 이용하여 다량의 물품 보관하며 제한된 공간 내에서 입출고 작업효율 극대화가 가능하다. 또한 재고파악 용이하고 랙 높이 조절가능하며 파렛트 당 500~1500kg을 적재할 수 있다.

[그림 2.2]는 암랙을 나타내고 있다. 암랙은 지게차작업에 용이하며 길이가 긴 제품에 사용되고 있으며 제품중량에 따라 설계되고 단 당 2000kg이며 선반 당 500kg 가능 하다.

[그림 2.1] 파렛트 랙

[그림 2.2] 암랙

[그림 2.3]은 상품을 대량으로 취급할 수 있고 높이가 높은 화물을 저장하는 하이스택 랙을 나타내고 있다.

[그림 2.3] 하이스택 랙

[그림 2.4]는 선입선출 우선제품이 가능하고 다품종 선별작업이 우수하며 입출고 시 작업보행 거리와 시간 단축이 가능하여 낮은 공간에 적재효율 극대화할 수 있는 슬라이딩 랙을 나타내고 있다.

[그림 2.4] 슬라이딩 랙

[그림 2.5]는 기존 창고의 상부공간을 활용할 수 있고 기존 랙의 기둥을 이용하여 경제적 우수성이 뛰어나며 창고의 공간 활용 가능한 적층식 랙을 나타내고 있다.

[그림 2.5] 적층식 랙

[그림 2.6]은 소품종 다량생산 제품시 적합하며 파렛트 당 500~1000kg 가능하고 지게차가 랙 안으로 이동하여 작업 가능한 드라이브인 랙을 나타내고 있다.

[그림 2.6] 드라이브인 랙

[그림 2.7]은 드럼의 재고화와 무너짐의 위험 해소하기 위해 사용되는 드럼 랙을 나타내고 있다.

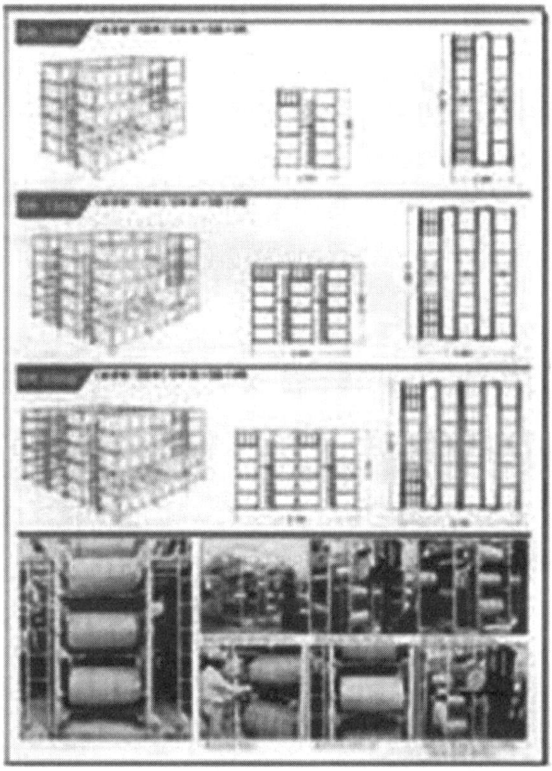

[그림 2.7] 드럼 랙

[그림 2.8]은 필요한 통로만 사용 가능하고 불필요한 통로 최대한 제거 가능하며 학교 서고 등에서도 사용되는 모빌 랙을 나타내고 있다.

[그림 2.8] 모빌 랙

[그림 2.9]는 선입선출이 필요한 제품보관이 가능하며 소형제품의 피킹작업이 빠르고 편리하고 레일 간격 조정이 용이하여 공간, 보관면적의 효율이 뛰어난 플로우랙을 나타내고 있다.

[그림 2.9] 플로우 랙

2.3.3 물류센터 운영 방향

(1) 물류센터의 수행 기능

물류센터는 연계수송, 환적, 집배송, 보관 등의 기능을 갖추고 있으며 지역 간 수송과 지역 내 배송업무가 유기적으로 이루어지는 곳으로 물류센터를 중심으로 모든 물류기능이 집약화되는 것이 최근의 추세이다. 이러한 추세에 부응하고 경영성과에 기여할 수 있는 물류센터의 건설을 위해서는 피킹, 패킹의 자동화 등 기본적인 시설투자가 이루어져야하고, 기업경영성과에 기여하기 위해서는 고부가가치 물류서비스의 제공이 가능해야 할 것이다. 그러나 현실적으로 대규모 자본 투자와 물류관리인력과 이에 대한 충분한 인프라 확보가 불가능하기 때문에 기업 단독으로 물류센터를 건립하여 운영하는 것은 매우 비현실적이라고 판단된다. 따라서 몇 개 기업이 공동으로 참여할 수 있는 공동물류센터의 건설 및 운영이 필요하고, 이를 통해 참여 기업의 물류기능을 통합화하고 효율화함으로써 고도화된 물류 부가가치를 창출하는 것이 절실히 요구되고 있다.

이를 위해서는 공동물류센터의 건설 및 운영이 활성화되어야 하나, 우리나라 대부분의 기업들은 공동화에 대해 부정적인 견해를 갖고 있는 것이 현실이다. 공동물류센터에 대해 부정적인 견해를 갖고 있는 것이 현실이다. 이러한 공동물류센터에 대한 부정적인 이미지를 개선하고 공동화를 적극적으로 추진하기 위해서는 공동물류센터가 단순 보관 기능에서 탈피하여 참여 기업에게 높은 부가가치를 실현할 수 있도록 제품의 조립, 가공, 포장 등의 기능을 갖춘 부가가치물류(Value Added Logistics)센터가 되어야 한다. 또한 배후 소비지에 대한 상류기능도 제공함으로써 참가 기업에게 적극적인 유인을 제공할 수 있도록 그 설립이나 운영방안이 변화되어야 한다. 즉, 공동물류센터는 단순한 창고라기보다는 유통가공, 상류기능 등이 가능해야 하며, 재고관리, 수·배송 계획 등 물류와 관련된 계획기능에 대한 서비스가 가능하도록 하여 참여 기업들에게 고부가가치 물류 서비스를 제공할 수 있어야 한다.

(2) 물류센터 공동화의 당위성

물류센터 공동화가 보다 효과적으로 추진되기 위해서는 위에서 제시한 바와 같이 단순 보관기능 외에도 장소적 부가가치를 극대화할 수 있는 여러 가지 방안이 포함되어야 할 것이다. 이를 통해 이용 기업들은 물류비 절감과 소비자 수요에 대한 적극적인 대처가 가능하고 물류서비스를 고도화할 수 있으며, 국가적으로는 지속적으로 증가하고 있는 국가 물류비에 대한 획기적인 개선이 가능할 것이다. 물류센터 공동화에 대한 당위성을 다음과 같이 정리할 수 있다.

첫째, 개별기업의 자가물류센터는 대규모의 재원과 운영자금을 필요로 하나 투자금액이상의 효율성을 얻지 못하여 최근의 경제 상황 하에서는 기업의 유동성을 상실하게 하는 원인이 되고 있다. 투자 효율성도 낮아 현재 제조기업의 자가물류시설은 유휴율이 30% 대에 달하고 있으며, 장기 사장재고 등을 감안할 경우 운영효율은 더욱 낮아진다.

둘째, 기업 물류비의 40% 이상을 점하고 있는 수송비절감은 사회간접자본의 투자만으로 해결될 수 없으며, 모든 물류기능이 집약화되고 규모의 경제를 실현할 수 있는 물류센터를 축으로 하는 물류체계의 획기적인 개선과 병행되어야 가능하다. 또한 이를 통해 수송수단간 연계성을 높은 효과적인 수·배송체계 구축이 가능하고, 수·배송 공동화와 물류표준화를 효과적으로 달성하기 위한 방안으로 공동물류센터의 추진이 가장 효과적이다.

셋째, 자가물류센터 보유 및 물류전문가 확보가 어려운 기업에는 수송, 보관, 재고관리 등 물류관리를 효과적으로 수행할 수 있는 기반을 마련해 준다.

넷째, 공동물류단지를 통해 개별기업 차원에서는 추진하기 힘든 물류정보화 체계를 구축함으로써 공급자와 수요자 상호이익을 가져다주는 물류서비스를 제공할 수 있다.

(3) 공동물류센터의 기대효과

공동물류센터 구축 및 운영을 통해 다음과 같은 효과를 기대할 수 있다.

첫째, 물류비의 절감을 들 수 있다. 조사된 자료에 의하면, 복합화물터미널이나 대단위 유통단지를 건설하여 물류기능을 집약화 함으로써 국가 전체적으로 얻게 되는 물류비 절감 효과는 6%에 달할 것으로 추산되었다. 물류센터를 공동화함으로써 화물의 효율적 집화, 대량 수송 및 복합 일관수송 실현, 적재율 향상 등으로 물류비의 효과적인 절감이 가능하다.

둘째, 자가용 화물차 이용감소 및 대체교통수단과 연계·분담 수송을 통하여 도로 혼잡 해소 및 도시 내 화물 차량의 운행이 감소될 것으로 예상된다.

셋째, 토지의 효율적 이용이 가능하다. 우리나라는 국토의 70%가 산지로 주거 가능 면적이 절대적으로 부족함에도 불구하고 물류센터를 공동화하여 집약화할 경우는 개별입지할 때 보다 약 30% 정도의 토지를 절약하는 것이 가능하다.

넷째, 지역경제의 활성화가 가능하다. 대부분의 공동물류센터는 이미 개발이 완료된 지역보다는 개발이 아직 이루어지지 않은 지역에 건설하는 것이 일반적이므로, 대단위 공동물류센터 구축으로 주변 지역에 고용창출효과를 일으켜 지역 경제의 활성화에 기여할 수 있다.

공동물류센터가 위와 같은 효과를 창출하기 위해서는 공동물류센터 구축 시 공동물류센터가 단순보관시설이 되지 않도록 해야 한다. 공동물류센터가 제조기업에게 단순보관시설 이상의 유인(merit)을 제공할 수 있어야 한다. 공동물류센터에 대한 각 기업들의 선호도를 자극하기 위해서는 유통 및 상업 시설로서의 가치를 가질 필요가 있다. 또한, 물류고도화를 위한 서비스 제공이 가능해야 한다. 공동물류센터의 운영을 담당하는 기업은 물류전문기업이 주체가 되어 입주업체들에게 기본적인 물류 서비스 외에 전략적인 측면에서 입주기업들의 총물류비를 절감할 수 있는 종합적인 물류서비스를 제공할 수 있는 기능을 갖추어야 한다.

2.3.4 제조기업 공동물류센터 구축 방안

국토가 협소하고 도로 교통 체증이 심각한 수준에 도달해 있는 우리나라에서는 보다 고도화된 물류체계를 구축하여, 효과적인 물류비절감을 달성하기 위해 단위기업 차원의 자가물류센터 건립을 억제하고 공동물류센터의 건립 및 운영이 절실히 요구되고 있다. 이를 현재 운영되고 있는 공동물류센터의 문제점을 올바르게 파악하고 공동물류센터의 현익분석 경과를 감안하여 바람직한 공동물류센터의 구축방안을 아래와 같이 제시한다.

현재 운영 중인 공동물류센터들의 단점을 극복하고 활성화할 수 있는 방안으로 첫째, 제조기업이나 운송업자들의 컨소시움에 의한 공동화보다는 물류에 대한 보다 전문적인 기술이나 지식을 보유한 제3의 물류전문기업에 의한 공동물류센터의 운영이 필요하다. 공동물류센터를 이용하는 기업들은 단순한 시설임대보다는 다양한 물류 서비스를 받고자하며, 이를 위해 보다 높은 사용료를 지불할 의사도 갖고 있다. 따라서 공동물류센터의 건립 및 운영 주체는 물류활동의 환경 변화에 적극적으로 대처할 수 있는 민간의 물류전문기업이 담당하는 것이 효과적이다.

둘째, 공동물류센터는 단순한 물류센터만의 기능이 아니라 입주기업들에게 유인을 제공할 수 있는 도소매 등 물류 기능의 제공이 필요하다. 즉, 공동물류센터에 입주를 희망하는 기업들은 단독으로 물류센터나 물류시설을 확보하기가 어려운 기업에 대부분으로, 공동물류센터들은 창고형 매장 등과 같은 보관과 유통을 병행할 수 있는 방향으로 건립 및 운영될 필요가 있다.

셋째, 생산지와 소비지를 연결하는 과정에서 추가적인 수·배송이 발생하지 않아야 한다. 이를 위해 공동물류센터는 생산지나 소비지에 인접할 필요가 있으나, 생산지 인접도에 비해 소비지 근접도가 탄력성이 높고, 공동물류센터에 상류 기능을 겸비하기 위해서는 소비지에 인접하는 것이 보다 유리한 방안이라 할 수 있다.

넷째, 자동화되고 현대화된 물류시설의 확충이 필요하다. 우리나라 대부분의 물류시설에서는 시설의 자동화 및 기계화 정도가 극히 저조한 수준이다. 그러나 공동물류센터 이용에 따른 물류비의 절감을 통해 이용고객을 늘리기 위해서는 시설의 자동화 및 기계화에 대한 집중적인 투자가 필요하다.

물류센터 공동화는 우리나라 기업들의 물류비 절감과 이를 통한 가격 경쟁력 확보를 위해 물류 관련 기관들이 많은 노력을 기울이고 있는 분야이다. 그러나 투입된 노력에 비하여 국내 기업들의 물류 공동화 추진 실적은 매우 미미한 수준에 머물러 있는 것이 현실이다. 각종 연구·조사에 의하면 그 이유는 물류 활동에 대한 직접적인 통제력 상실 위험, 물류비용 증가에 대한 우려, 영업비밀의 노출 등의 요인에 의해 국내 기업들이 공동물류센터 이용이나 공동 수·배송과 같은 물류 공동화에 매우 부정적인 인식을 갖고 있는 것으로 나타나고 있다.

그러나 우리나라의 경우 다른 경쟁상대국에 비하여 지가가 크게 높으며, 물류의 고도화를 통한 기업경쟁력을 확보하기 위해서는 공동물류센터를 건설할 수 있는 부지가 절대적으로 부족한 현실을 감안할 때 물류의 고도화를 통한 기업경쟁력을 확보하기 위해서는 공동물류센터를 활성화하는 것이 무엇보다도 중요하다고 판단된다. 이러한 현실을 감안하여 물류센터 공동화를 추진하기 위해서는 무엇보다도 공동물류센터에 대한 이용을 활성화할 수 있는 방안의 제시가 필요하다.

첫째, 공동물류센터를 이용하는 기업들은 자가물류센터를 건설, 운영하는 기업과는 달리 물류센터에 지불되는 비용과 물류비용절감에는 유의한 관계가 있다는 것이다. 즉, 가자물류센터는 물류센터건설에 많은 자금이 투자되더라도 실질적으로 물류비 절감에는 효과가 없다고 평가하고 있으나, 공동물류센터를 이용하는 기업들은 시설이 우수하고 공장이나 소비지에 인접한 공동물류센터를 사용하게 될 경우, 사용료는 상대적으로 비싸지만 이로 인해 기업 물류비가 더 많이 감소되는 효과를 얻는 것으로 평가하고 있다.

둘째, 공동물류센터에 대한 가치평가에서 기업의 물류담당자들은 공장 및 소비지와의 인접성, 교통의 편리성 등으로 대별되는 공동물류센터에의 접근 용이도와 물류비용 절감성을 공동물류센터의 선정시 중요한 요소로 평가하고 있다는 것이다. 따라서 공동물류센터의 건설 시에는 자동화 시설 등을 통하여 입주사의 물류비 절감을 효율적으로 추진할 수 있어야 하고, 건설 입지로서는 소비지나 공장에 인접한 위치 또는 교통이 편리한 대로변 등에 건설되어야 할 것이다.

실제로 공동물류센터를 이용하는 기업의 입장에서는 공동물류센터 운영회사의 물류전문지식 이용이나 제공되는 차원 높은 서비스에 대해서도 높은 가치를 부여할 것을 기대할 수 있다. 그러나 국내 대부분의 공동물류센터들은 아직까지 시설물에 대한 단순 임대 서비스만을 제공하고 있는 수준이기 때문에 이용하는 기업들이 공동 물류센터로부터 받는 서비스에 대해 높은 가치를 부여하고 있지 못한 것으로 판단된다. 따라서 물류공동화 사업의 성공을 위해서는 물류기업의 서비스수준 향상이 필요하며, 향후 공동물류센터의 활성화를 위한 공동물류센터의 운영 주체는 고부가가치 물류서비스를 제공할 수 있는 능력을 갖추어야 한다.

2.4 냉동·냉장창고 운영

기업들은 국가경제와 산업발전에 중요한 역할을 담당하고 있는 물류산업을 보다 체계적이고 합리적으로 구축하여 물류비 절감과 서비스 향상을 통한 기업 경쟁력을 향상되고 있다. 물류기업의 경쟁력 향상 방안의 일환으로 물류산업의 경쟁력을 높이고 물류비 절감 및 서비스를 향상시키기 위해 물류산업의 주요 시설중 하나인 물류창고의 운영효율화에 대한 관심이 증대되고 있다.

물류창고는 물류산업의 영역 중에서 보관, 상·하역, 정보 및 운영정보시스템 등이 집약된 물류의 주요 핵심 시설로서 물류창고의 기능 및 역할 증대를 통한 부가가치를 증대시키고 공급의 유연성을 확보하기 위해 사용되는 시설이다.

물류창고 중 냉각설비를 가진 단열된 창고인 냉동·냉장창고는 국민 식생활 변화 및 증대에 따라 중요성이 부각되고 있다.

2010년 9월 기준 부산지역의 냉동·냉장창고는 118개로 전국 771개에 대비하여 15.3%만을 차지하지만 냉장능력은 1,376,154M/T로 전국 냉장능력 2,645,730M/T에 대비하여 53.7%를 차지하고 있다.

부산지역 냉동·냉장창고의 규모적인 측면에서 전국대비 부산지역 냉동·냉장창고의 차지 비중은 상당히 크지만 지나친 규모화로 부산지역 냉동·냉장창고는 이미 시설과잉에 있었으며, 보관물량의 대부분을 차지하는 수산물의 보관량 변화 추이는 정체 수준을 유지하는데 비해 냉장능력은 상대적으로 증가 추이 상태이다.

시설과잉으로 인하여 냉동·냉장창고 설비의 증설보다는 기존 창고의 보관율을 높이는 것이 더욱 필요하게 되고 부산지역 냉동·냉장창고업의 냉장능력 과다 및 물동량 정체의 여건 속에서 냉동·냉장창고업은 차별화된 운영시스템 및 물류시설 등의 운영 활성화 방안이 요구되고 있다.

2.4.1 냉동·냉장창고 정의 및 운영

냉동·냉장창고는 물류정책기본법에 의해 제1종창고로 구분되며, 건축법에 의한 건축물로서 냉각설비를 가진 단열된 창고로 생농산물, 생축산물, 생수산물 또는 냉동가공품 등을 10℃ 이하로 보관하는 창고를 말한다.

냉동·냉장창고는 국내에서 생산된 냉장 및 냉동화물을 보관하는 일반저장창고와 관세법에 근거를 두고 세관장의 허가를 얻어 수출입 화물을 취급하는 창고를 말하며 수출입세를 미납한 화물을 보관하는 보세창고로 나누어져서 운영되고 있고 있다.

냉동·냉장창고는 [표 2.14]와 같이 보관온도에 따라 크게 7가지 등급으로 구분하고 있다.

냉장창고에서는 야채나 과일 등 신선도를 요하는 식료품이나 냉동야채 및 저란 어류 등을 보관하며, 냉동창고에서는 냉동어패류 및 육류 등을 보관하고 있다.

냉동·냉장창고에 도착한 화물은 창고에 입고 후 입하 검품을 실시하며, 입하 검품된 화물은 엘리베이터 등의 수직반송기를 통해서 온도에 따라 구분된 저온창고, F급 냉동고 또는 C급 냉장고에 저장되며, 화주의 요청 시 오더피킹을 통해 다시 엘리베이터 등의 수직반송기를 통해서 반출되고 반출된 화물은 화주별 지역별로 세부선별작업 후 출고되는 업무 흐름을 가지고 있다.

[표 2.14] 냉동·냉창창고 온도구간

구 분	등 급	온 도	저장품목
냉장창고	냉장(C1,C2,C3급)	−10℃~+ 10℃ 이하	식육, 유제품 등
	칠드(C2~C3급)	−5℃~+ 5℃	어묵, 우유 등
	빙온(C2~C3급)	−3℃~+ 0℃	선어, 김치 등
냉동창고	초저온(F3~F4급)	−40℃ 이하	냉동 참치 등
	냉동(F2급)	−25℃ 이하	아이스크림
	냉동(F1급)	−18℃ 이하	가공 냉동식품
	냉동(C1급)	−10℃ 전후	빵 등

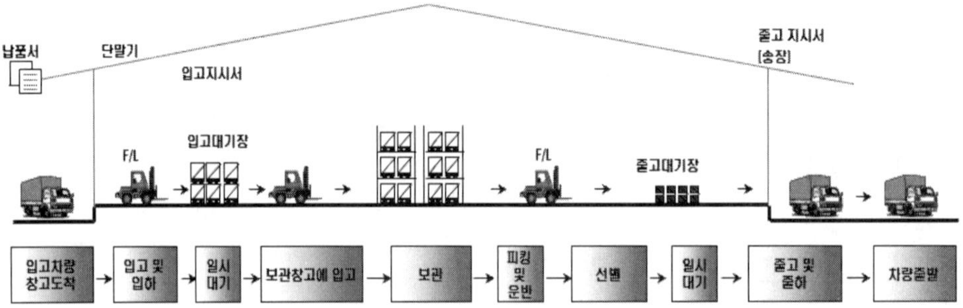

[그림 2.10] 냉동·냉장창고 운영 프로세스

입하, 보관 및 출하의 기능으로 나누어 수행되고 있기에 이들 기능을 토대로 정리하여 도식화 하면 [그림 2.11]과 같다.

한 번에 입고되는 냉동·냉장화물은 수십 톤에 이르고 화주별로 입고되는 종류도 다양한 특징이 있으며, 입고된 냉장화물은 저장 공간인 단위 빈(bin)에서 저장되고 있다. 냉동냉장창고에서 입고된 냉장화물은 박스 단위로 구성된 파렛트 단위가 각 빈에 저장되고 화주의 출고요청이 있을 경우 화주별 입고량 중 일부만이 각 빈에서 박스단위로 저장된다.

오더피킹되고 이후 냉동·냉장창고에 남아 있는 화물은 재고량이 적은 화물이 발생할 경우 같은 종류의 화물이 저장된 다른 빈에 이고(한 곳의 단위 빈에서 다른 곳의 빈으로 냉장화물을 운반하는 작업) 시킴으로써 단위 빈의 유휴공간을 늘려 보다 많은 냉장화물을 보관하기 위한 운영방법을 사용하고 있다.

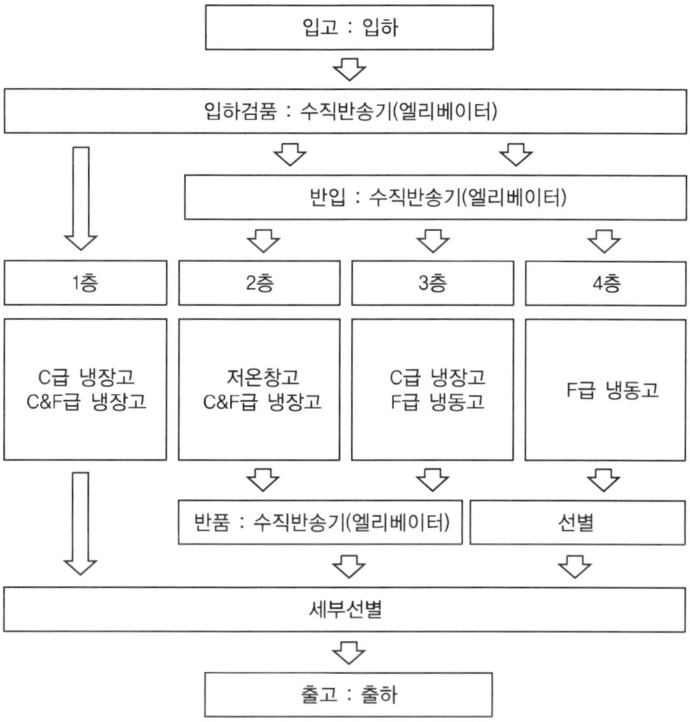

[그림 2.11] 냉동·냉장창고 주요 운영 흐름도(예)

냉동·냉장창고에서 수행되는 입고와 출고작업은 기존의 물류센터에서 운영되는 방법과 다르게 온도와 취급 제품 특성(보세품목 등)을 고려한 환경 속에서 화물이 보관되고 있다.

일반적으로 냉장화물의 입출고시 사용되는 운반 장비는 파렛트 단위를 운반하는 지게차, 소량 화물을 운반하는 대차, 동결창고에 동결시킬 화물을 적재하는 동결 파렛트 및 컨테이너 또는 화물차 내의 원활한 화물이동을 위한 이동 롤러가 사용되고 있다.

이러한 냉동·냉장창고는 일반물류센터와는 달리 운영방법이나 보관형태가 다양하여 보관 화물의 특성에 따라 보관온도 및 습도관리가 가능한 chilled room을 갖추고 있어 고객의 요구에 따른 화물을 보관하고 있다.

보관효율을 높이기 위해 냉동·냉장창고는 복층 구조를 운영하고 있으며 입고되는 화물을 수직반송기를 통해서 각 층별로 이동되고 있으며 각 층별로 초저온 창고 및 저온유지 창고 등이 운영되고 있다.

화물보관은 보관지역별로 각 화주별 화물을 보관하고 있으며, 보관화물은 보관지역에 저장될 때 파렛트에 적재된 상태에서 다층으로 적재되고 있다. 그러나 다양한 운영

방법과 보관형태를 수행하고 있지만 이를 반영한 체계적이고 합리적인 운영방안 모색이 요구되고 있으나 현재까지 냉동냉장창고에서의 운영 개선 노력은 부족한 실정이다.

화물이동을 통한 창고운영의 업무효율성을 높이기 위해 화물보관 및 입출고 방안은 크게 4가지 유형으로 정리할 수 있다.

① 소품종 다량품의 경우 선입선출이 크지 않다면 창고적재장소 안쪽에서부터 순서대로 적재해 놓고 출고 시 가까운 곳에서부터 출고하는 방식으로 공간 자체가 통로가 되는 운영형태

② 화물이 일정한 선입선출이 요구될 때 적재위치를 병렬로 놓고 입출고되는 운영형태

③ 대량재고와 대량출고의 경우는 재고량의 종류가 많아질 때 피킹 순회거리를 짧게 하기 위해 동일품종의 정면폭을 가능한 좁게 그리고 깊게 적재하는 운영유형

현재 냉동냉장창고에서 사용되는 화물적재방법은 [그림 2.12]와 같이 크게 수동적재와 랙적재 두 가지 방법을 사용하고 있다.

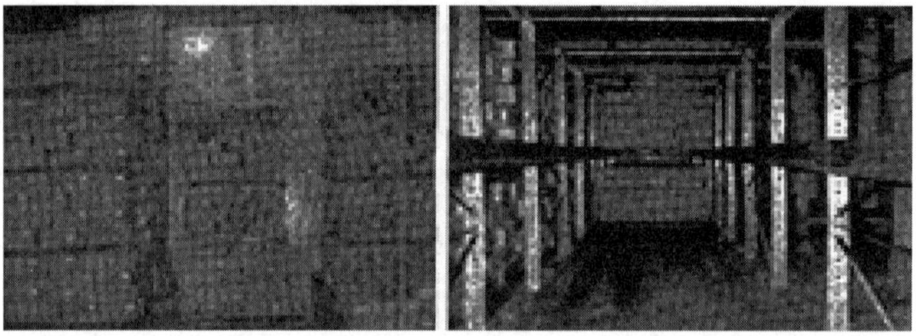

[그림 2.12] 냉동·냉장창고 내 화물 적재유형(수동적재 및 랙적재)

창고에서는 화물적재유형에 따른 화물적재방안에서는 냉동·냉장창고의 특성상 품목의 분류와 적재율, 적재기간, 창고의 용량, 적재방식, 적재단수 및 냉동·냉장창고의 건물특성인 건물위치, 면적가능높이 등도 고려되어야할 인자들로서 이를 정리하면 [표 2.16]과 같다.

냉동·냉장창고의 운영현황 및 저장방법에 따라 적재 지역의 평면도 유형을 [그림 2.13], [그림 2.14], [그림 2.15] 및 [그림 2.16]으로 정리할 수 있다. 이러한 유형은 화물특성, 화물종류 및 화물보관기간 등에 따라 달라지기 때문에 적재 형태도 창고별로 차이가 있다.

[표 2.15] 적재에 영향을 주는 인자

항 목	인 자
건물특성	위치(지역에 따른 적재물의 종류 및 적재율)
	면적
	적재가능높이
	평명형태 : 이동 및 기둥 간격
화물 적재방식	사용 파렛트의 크기 및 중량
	이동방식 : 지게차 등
	적재단수
	적재비율
	평균 적재기간 및 적재량

적재유형 1은 가장 보편적이며 일반적인 형태로 창고 내 적재지역과 통로지역을 서로 구분하여 적재지역의 양 방향으로 화물 적재 및 반출이 가능한 유형이고 적재유형 2는 창고 내 화물의 단위를 대규모 단위로 적재하고 있다가 화주 요청 시 대규모 단위 화물을 반출하기 위해 주로 사용되는 유형이며 적재유형 3은 소규모 창고에 적용되는 유형으로 적재유형 1의 축소 형태이다. 또한 적재유형 4는 창고 내 단위층을 냉동창고와 냉장창고로 구분하여 운영하며 화물의 특성에 따라 각각의 창고에 단위화물들을 보관하는 유형이다. 그림의 음영부분은 통로를 나타내고 있다.

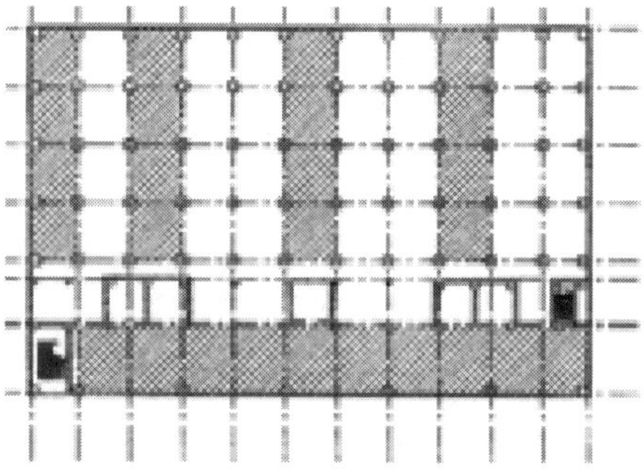

[그림 2.13] 냉동·냉장창고 적재유형 1

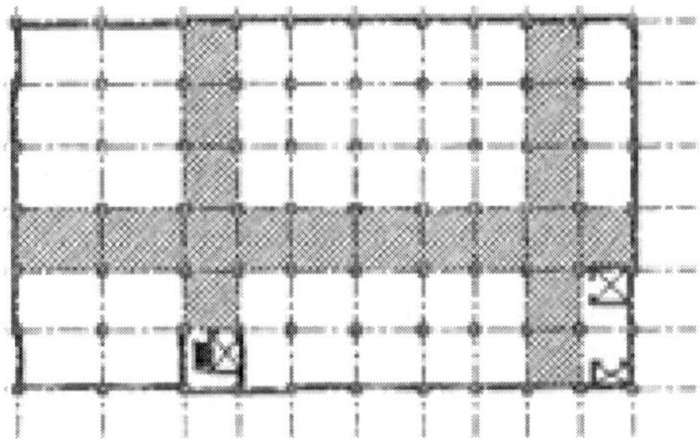

[그림 2.14] 냉동·냉장창고 적재유형 2

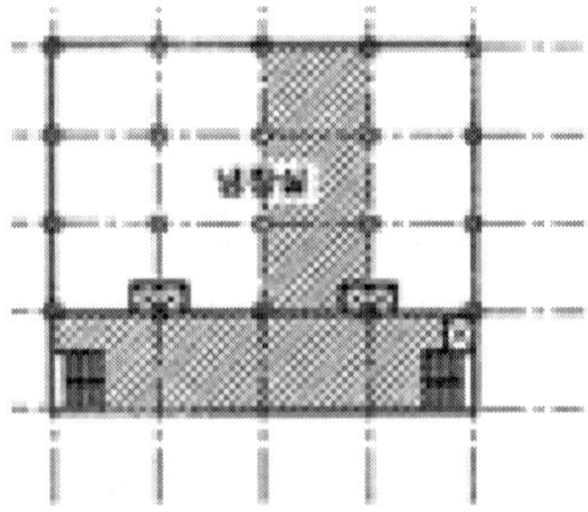

[그림 2.15] 냉동·냉장창고 적재유형 3

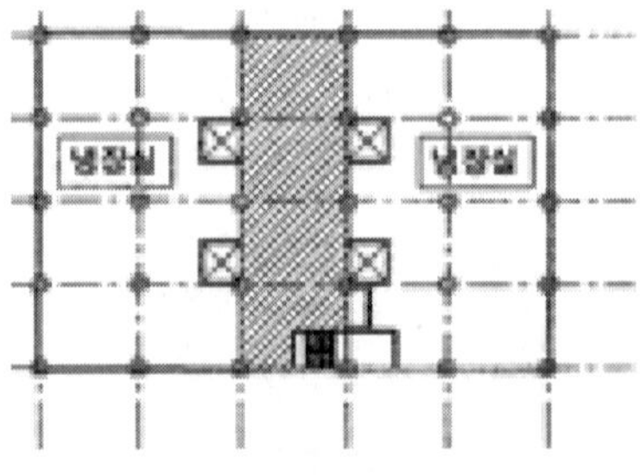

[그림 2.16] 냉동·냉장창고 적재유형 4

현재 각각의 창고에서 사용되는 적재유형에 따른 품목 및 적재현황을 조사하여 정리하면 크게 [표 2.16]과 같고 품목을 보관하는 파렛트는 1.2×1.1m를 사용되고 있는데, 이는 국내 냉동·냉장창고에서 사용되는 파렛트는 규격파렛트를 모두 사용하고 있으며, 일반적으로 수산물은 3단 적재, 육류는 3단 적재, 냉장육이나 우육은 3단 및 감자는 1단으로 적재하여 보관하고 있다.

[표 2.16] 냉동·냉장창고 유형별 현황(예)

유형	품목	항목	값	유형	품목	항목	값
1	수산물	파렛트크기	1.2×1.1 m	3	수산물	파렛트크기	1.2×1.1 m
		무게(1파렛트)	1,200kg			무게(1파렛트)	1000kg
		적재단수	3단			적재단수	3단
		종류	–			종류	꽃게 등
	육류	파렛트크기	1.2×1.1 m		우육	파렛트크기	1.2×1.1 m
		무게(1파렛트)	400~800kg			무게(1파렛트)	1,000kg
		적재단수	3단			적재단수	3단~4단
		종류	–			종류	–
	냉장육	파렛트크기	1.2×1.1 m		육류	파렛트크기	1.2×1.1 m
		무게(1파렛트)	400kg			무게(1파렛트)	1,000kg
		적재단수	1단			적재단수	3~4단
		종류	–			종류	돈육 등
2	수산물	파렛트크기	1.2×1.1 m	4	수산물	파렛트크기	1.2×1.1 m
		무게(1파렛트)	600kg			무게(1파렛트)	1,000kg
		적재단수	3단			적재단수	3단
		종류	명태 등			종류	–
	육류	파렛트크기	1.2×1.1 m		우육	파렛트크기	1.2×1.1 m
		무게(1파렛트)	800~1,200kg			무게(1파렛트)	1,000kg
		적재단수	3단			적재단수	3단
		종류	돈육			종류	–
	감자	파렛트크기	1.2×1.1 m		육류	파렛트크기	1.2×1.1 m
		무게(1파렛트)	800kg			무게(1파렛트)	1,000kg
		적재단수	1단			적재단수	3단
		종류	냉동감자			종류	돈육 등

냉동·냉장창고에서 적재되는 품목은 품목 특성에 따라 1단에서 3단까지 다양한 적재형태를 보여주고 있음을 알 수 있으며 이로 인해 품목별로 적재되는 적재량이 유형별로 달라지기 때문에 초기 설계된 창고 적재능력을 모두 만족하지 못하게 되어 이로 인한 창고의 적재능력 저하 요인이 되고 있다.

2.4.2 신선물류센터 운영현황

S물류센터는 17,500평 부지에 연면적 19,000평으로서, A동(A1/A2), B동(B1/B2/B3) 2개 건물 등 총 5개 센터로 구성되어 있다.

S물류센터의 하역 파트너사 소속 직원은 138명이며, 운행 차량 83대, 지게차 64대 및 총 24,700 파렛트를 동시에 보관할 수 있는 랙 설비를 갖추고 있다.

S물류센터의 조직은 총 3개 파트, 27개 센터로 구성되어 있으며, 3개의 파트는 상온파트 75명, 저온파트 69명, B2B 파트 35명 등 총 182명이 근무하고 있다.

S물류센터 업무프로세스는 물류센터 내 현장에서는 입고, 적치, 피킹, 보충, C/D, 출고, 상/하차 관리, 유통가공이 수행되고 있으며 사무실에서는 센터 운영 및 실적 관리를 수행하고 있다.

센터운영을 보다 효율적으로 수행하기 위해 RF(Radio Frequency) 기반의 물류센터운영시스템을 구축하여 시간대별로 적합한 물류작업을 통해 고객사에게 최상의 물류 Service를 제공하고 있다.

S물류센터 서비스 현황으로는 현재 식품분야의 대기업 등 34개 고객사의 물류 대행(보관, C/D, 배송, 광역, 유통가공, 택배 등)을 수행하고 있으며, 배송권역은 서울, 경기, 인천, 충청도, 강원도이며, 일평균 93,000박스 출고(취급 SKU(Stock-Keeping Unit) : 12,591)하고 있으며, Hub & spoke network 기반으로 전국에 설치된 7곳의 센터와 광역 업무를 수행하고 있다.

S물류센터에서 취급하고 있는 보관품의 종류와 비율은 다음과 같다.

[표 2.17] 보관품 종류와 보관비율

센터명	제품군	SKU	출고량 (천박스/일)	출고 비율	보관량 (천박스)	보관 비율	보관 일수
A1	잡화	3,032	9	9%	428	28%	48
A2	잡화	550	9	10%	257	17%	29
B1	식품	2,231	41	44%	374	25%	9
B2	음료	659	30	32%	295	19%	10
B3	화장품	3,670	4	4%	172	11%	43
합계	CPG	10,142	93	100%	1,526	100%	16

S물류센터 상온 보관 및 운영 센터이나 일부 고부가가치 화장품의 품질유지를 위한 온도 조절 장치도 설치되어 운영되고 있다.

선입선출을 원칙으로 RF 활용을 통해 입/출고 상품을 실시간 관리하고 있으며, 최적의 제품 품질 상태를 유지하기 위해 현장 점검 시, 상품 보관 상태(재고수량, 위치, 유통기한 및 제품 외형 상태 등) 점검 및 현장 개선 활동 등을 전개하고 있다.

물류센터 운영에 필요한 추가 인력은 도급 형태로 확보하고 있으며 주로 한시적 물동량 증가 및 성수기 기간에 사용되고 있다.

S물류센터에서 운영 중에 있는 설치는 랙으로 랙에는 보관 품목에 따라 파렛트 랙, 드라이브인 랙 및 경량 랙을 사용하고 있으며 운반 장비는 지게차를 사용하고 있다.

물류센터의 효율성을 위한 자동화 설비를 갖추고 있으며 그 대표적인 설비는 DAS [Digital Assorting System] & PCS[Picking cart System]를 사용하고 있다.

DAS는 물류센터에서 사용되는 피킹방식 중 하나로 선반에 표시된 피킹지시에 따라 작업을 수행하는 시스템으로 피킹의 기계화 수단으로 도입하기 쉬운 시스템이며, 비교적 효과를 발휘하기 쉬우며, 디지털 지시에 따라 피킹 작업을 수행하는 것뿐이므로, 상품명은 필요하지 않고, 문자를 읽지 못하는 작업자도 간단히 미스가 없이 일정한 작업레벨을 유지할 수 있다.

[그림 2.17] DAS 운영시스템

또한, RFID & USN 기술이 접목되어 재고조사/ 피킹의 효율성을 높이기 위해 MPS [Multi Purpose System]를 사용하고 있다.

[그림 2.18] PCS 운영시스템

[그림 2.19] MPS 운영시스템

(1) F물류센터

F물류센터의 상품저장 및 효율적인 상품관리를 위해 저온 보관 및 운영을 주요 목적으로 설립된 물류센터이다. F물류센터의 규모는 총 3층 규모로 상온, 냉장 및 냉동 창고를 운영하고 있다.

[표 2.18] F물류센터 현황

구분	면적(평)							
	상온	냉장	냉동	미곡	입고/전실	사무실	기타	합계
1층		1,795	355		180	88	125	2,543
2층	1,249	266	622		213	33	186	2,569
3층	140			117		189	402	848
합계	1,389	2,061	977	117	393	310	713	5,966

F물류센터는 당일 주문, 당일 공급형태로 운영되고 있으며, 가장 중요한 부분은 정시, 정량, 정품을 강조하고 있다.

정시는 고객의 요구하는 납품시간 대응율로 평균 고객 대응율은 95%를 유지하고 있으며, 정량은 고객이 주문한 제품 공급율로 고객 공급율은 99.98%를 만족시키고 있으며 정품은 품질로 제품 입고시 식품안전센터에서 "잔류농약 검사", "유전자 검사" 등 단계별 안전성 검증과 품질확인 과정을 거치고 있다.

F물류센터의 서비스 운영현황은 단체급식, 일반식당, 체인경로 등 다양한 유통경로를 운영 중에 있고, 보관품의 종류와 비율은 상온이 전체의 약 61%, 냉장 11% 및 냉동 28%를 차지하고 있다.

[표 2.19] 보관품의 종류와 비율

구분	상온	냉장	냉동	계
SKU	2,200	400	1,000	3,600
비율	61%	11%	28%	100%

F물류센터에는 상온, 냉장, 냉동 3개 군이 있으며, 파렛트 랙 및 슬라이딩 랙을 활용하여 제품보관하고 물류센터 내 정규직사원 및 현장 담당자가 순번제로 현장 점검활동을 진행하고 있으며, 현장 상품 보관 상태, 재고 일치화 점검, 제품 외형 등을 점검 및 현장 개선활동을 수행하고 있다.

F물류센터의 인력공급권은 필요한 인력공급은 하역파트너사와 계약을 통해서 운영되고 있으며 한시적 물동량 증가 및 성수기 기간 임시인력은 별도 협의하여 운영 중에 있다.

F물류센터에서 운영되는 장비는 크게 지게차와 핸드파렛트 트럭이며 지게차는 총 20대 및 핸드파렛트 트럭은 7대를 운영하고 있다.

[표 2.20] 장비운영 현황

구분	지게차		핸드파렛트 트럭		합계
	디젤	전동	수동	전동	
대수	3	17	–	7	27

뿐만 아니라 효과적인 물류서비스를 지원하기 위해 상온, 냉장 및 냉동창고에 자동화 설비인 DPS 설비를 구축하여 운영 중에 있다.

DPS(Digital Picking System)은 고객사로부터 발주 데이터를 물류센터의 상품 보관 랙에 부착된 표시기에 해당 피킹수량을 디지털로 표시하여 별도의 목록 없이 누구나 신속하고 정확하게 피킹할 수 있는 시스템이다.

[그림 2.20] DPS 운영현황

[그림 2.21] DPS 작업현황시스템

(2) C신선물류센터

C신선물류센터는 총 대지 면적이 $27,113m^2$이며, 건축면적은 $7,112m^2$로서 신선물류센터는 1472평이며, 총 38명이 근무하고 있으며 배송차량은 68대이다.

C신선물류센터에서 운영되는 배송 차량에는 GPS를 장착하고 각 차량운전자에게는 PDA를 배급하여 거래처 요청시간별 운행 현황을 실시간으로 모니터링 할 수 있기 때문에 납품 요청 시간별 도착시간을 실시간 관리할 수 있어 납기 적중률이 93%에 이른다.

뿐만 아니라 신선물류 특성상 신선물류를 배송하는 배송차량의 온도 관리 모니터링 시스템 운영하여 최적의 신선도를 유지하면서 배송을 수행할 수 있는 시스템을 구축하고 있다.

C신선물류센터에서는 총 9종류의 제품군을 취급하고 있으며 일일 22,469박스를 취급하고 있다.

[표 2.21] 보관품의 종류와 비율 (단위:박스)

제품군	출고량/日	출고비율
신선육	482	2.2%
상온	1,707	7.6%
육가공	2,614	11.6%
면류	2,342	10.4%
반찬류	1,858	8.3%
절임류	1,804	8.0%
두부류	8,323	37.0%
어묵류	3,169	14.1%
Dannon(요구르트류)	170	0.8%
합계	22,469	100%

C신선물류센터에서는 무재고 원칙으로 운영되고 있어 당일 입고되어 출고 진행되고 있고, 축산물인 신선육의 경우, RF 활용을 통해 입·출고 관리가 실시간으로 진행되어 최적의 상태를 유지한 제품의 선입선출이 진행되고 있다.

C신선물류센터에서는 효과적인 물류서비스를 지원하기 위해 상온, 냉장 및 냉동창고에 자동화 설비인 DPS 설비를 구축하여 운영 중에 있다.

DPS(Digital Picking System)은 고객사로부터 발주 데이터를 물류센터의 상품 보관 랙에 부착된 표시기에 해당 피킹수량을 디지털로 표시하여 별도의 목록 없이 누구나 신속하고 정확하게 피킹할 수 있는 시스템이다.

F물류센터는 셀단위로 해당 물품들을 보관하고 있으며 총 2628셀을 보유하고 있으며 투자금액은 3.5억 원이다.

제품 출고를 최적화시킬 수 있는 자동화 설비인 낱개 DAS(Digital Assorting System)을 사용하고 있어 SKU 정확도 99.9% 수준으로 운영하고 있으며, 총 726개의 거래처를 동시에 피킹할 수 있는 제품이다.

[그림 2.22] 낱개 DAS 운영현황

[그림 2.23] 낱개 DAS 운영 랙 시스템

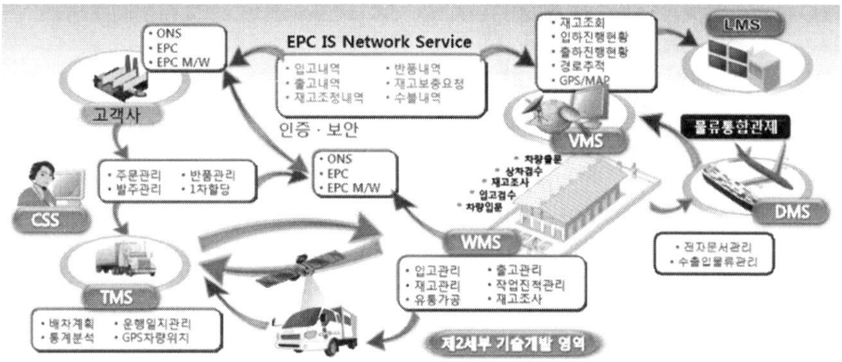

[그림 2.24] 물류센터 창고관리운영정보시스템 흐름도

물류서비스를 보다 효과적으로 제공할 수 있는 통합 창고관리정보시스템과의 연동 또한 요구되는 상황 속에서 물류센터에서 운영되고 있는 창고관리 물류정보시스템의 역할을 [표 2.22]과 같이 정리할 수 있다.

[표 2.22] 통합 창고관리정보시스템

종류	역할
StoreFront	물류센터 내의 주요 운영시스템으로 정보를 Web 환경으로 제공하여, 고객의 니즈에 따라 다양한 형태의 맞춤형 서비스로 제공하는 물류정보시스템
TCS	고객기업의 기준정보를 관리하고 고객으로부터 입수된 주문을 바탕으로 관리 재고의 발주 및 할당을 통해 출고 지시를 수행하는 물류정보시스템
WMS	고객기업의 기준정보를 관리하고 고객으로부터 입수된 주문을 바탕으로 관리 재고의 발주 및 할당을 통해 출고 지시를 수행하는 물류정보시스템
RF System	전산재고와 실물재고의 실시간 동기화를 추구하며 적치 전략에 따른 위치 관리 및 시스템적 실시간 선입선출 관리를 통해 효율적 재고관리를 수행하는 물류정보시스템
I-TMS	Simulation Routing Plan 기능을 통해 효율적인 배차계획 수립을 지원하고 GIS 맵이 탑재된 3차원 시뮬레이션을 통해 효과적인 경로 계획 수립과 차량배차의 최적화가 실현되어 운영되고 있음. 또한 시뮬레이션에는 요구되는 도착시간, 적재함 공간, 대기시간 및 적재시간 등과 같은 모든 제약 사항들이 반영되어 제공하는 물류정보시스템
I-DMS	GPS를 이용한 배송관리 및 온도 관리를 위한 실시간 온도 관제가 가능하며 비상시 즉시 대응 체계를 위한 SMS(Short Message Service)과 연계된 물류정보시스템
IIS	배송 결과에 대한 빠른 회신을 위해 인수증 이미지서비스를 제공해 고객기업의 적기 의사결정을 지원하고, 수작업 업무를 전산화함으로써 업무 합리화를 추구하는 물류정보시스템
VMS	각 사업성과에 대한 측정을 실시하고 각 사업부에서 관리되는 각종 지표에 대한 설정과 모니터링을 지원하는 물류정보시스템

(3) 신선물류클러스터의 필요성

국내 신선물류시스템 Process 상의 문제점과 개선방안을 정리하면 [그림 2.27]과 같다. 이와 같은 문제점을 해결하기 위해서는 신선물류시스템을 통합적으로 관리할 수 있도록 시스템을 유기적으로 연결하는 것도 필요하나 가장 효율적인 것은 [그림 2.28]의 신선물류클러스터와 같이 관련 기능을 집적화하는 것이다.

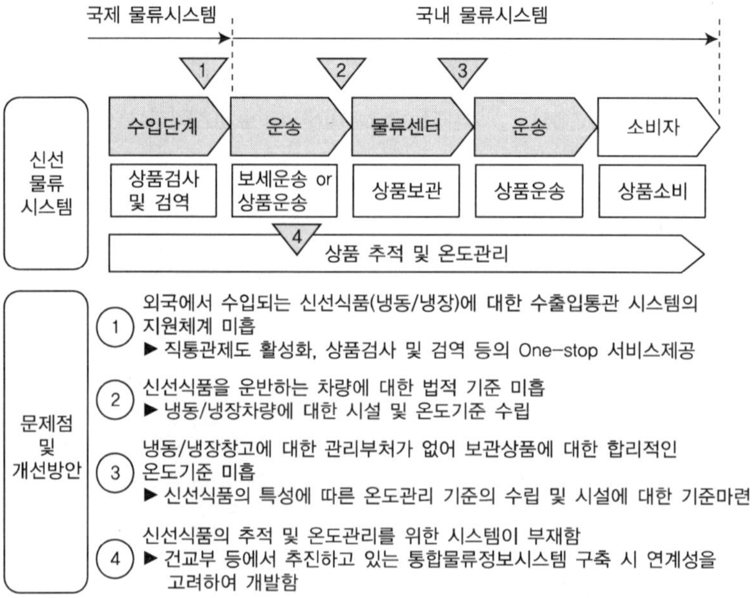

[그림 2.25] 신선물류시스템상의 문제점 및 개선방안

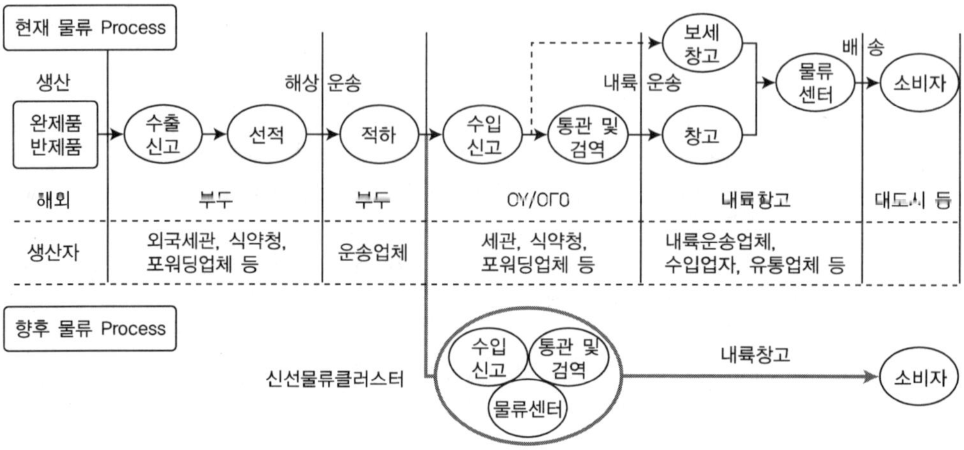

[그림 2.26] 신선물류시스템에서 클러스터 구축의 의미

(4) 신선물류클러스터의 범위 및 구성요소

국내외에 신선물류클러스터에 대한 정의가 없으므로 본 연구에서는 산업클러스터에 대한 개념 및 정의를 통하여 신선물류클러스터에 대한 개념적 정의를 하고자 한다.

산업클러스터란 "기업, 대학, 연구소 등이 특정 지역에 모여 네트워크 구축과 상호작용을 통하여 사업전개, 기술개발, 부품조달, 인력·정보교류 등에서 시너지를 발휘하는 지역단위"라고 정의하였다. 산업클러스터에 대해서 정의 내린 '지역', '구성원 네트워크', '시너지 효과' 등에 대한 개념을 신선물류클러스터에 포함하여 정의하면 신선물류클러스터는 "일정지역에 신선식품의 유통, 가공, 저장, 수출입 등과 관련된 산·학·연·관의 주체 및 기능, 시스템 등을 집적화하여 경쟁과 협력을 통하여 신선식품의 부가가치 상승효과를 이루어가는 집합체"라고 정의할 수 있다.

신선물류클러스터는 관련 정부가관 및 기업 물류센터, 수·배송시스템 등 클러스터를 구성하는 각각의 구성요수들을 클러스터 내외 역할에 따라 비전제시자(VP), 시스템통합자(SO), 전문공급자(SS)의 3개 주체가 핵심이 되어 구성될 수 있으며, 신선물류클러스터의 세부적인 구성요소를 살펴보면 다음과 같다.

첫째, 비전제시자(VP)에는 관련 정부기관이 있다. 중앙정부와 인천광역시, 경제자유구역청에서 기반시설에 대한 계획 및 구축, 수출입물류 지원, 교통인프라 구축, 법률적인 사항에 대한 검토가 필요하다. 그 외에 수입농산물의 잔류농약 성분 분석 등을 위한 식품검사소와 농산물의 검역 및 통관을 실시하는 식품안전청, 세관 등의 유관기관 협력이 필요하다.

둘째, 전문공급자(SS)에는 신선식품산업 관련 기업들과 협력 연구소들이 있다. 중국 농산물을 재가공하는 기업체와 수출관련 무역업체, 효율적인 물류서비스를 제공해주는 창고, 수·배송 업체의 비즈니스 활동이 원활히 이루어져야 할 것이다. 또한 수입농산물의 안전성 검사 및 식품가공에 대한 연구를 담당하는 연구소가 있어야 한다. 신선물류클러스터 내의 기업들이 활발한 비즈니스를 하기 위해서는 국가차원에서 최적의 인프라 제공 법적·제도적 개선 방안의 지원이 필요하다.

셋째, 시스템통합자 SO에는 신선물류클러스터 내의 종합물류시스템 서비스 제공자가 있다. 종합물류시스템 서비스 제공자는 공동의 냉장·냉동 물류센터, 첨단의 가공시설 구축을 통하여 관련 기업들의 비즈니스 활동 촉진을 도모한다. 그리고 통합물류 DB 구축, 첨단화물운송시스템 및 EDI·Web을 통한 유관기관·관련 업체와의 연계를 통하여 클러스터의 정보시스템을 구축한다. 물류시설의 공동화와 물류정보화는 클러스터의 물류비 절감과 농산물·가공 제품관리의 효율성 제고 및 고객 만족의 증대를 가져올 것이다.

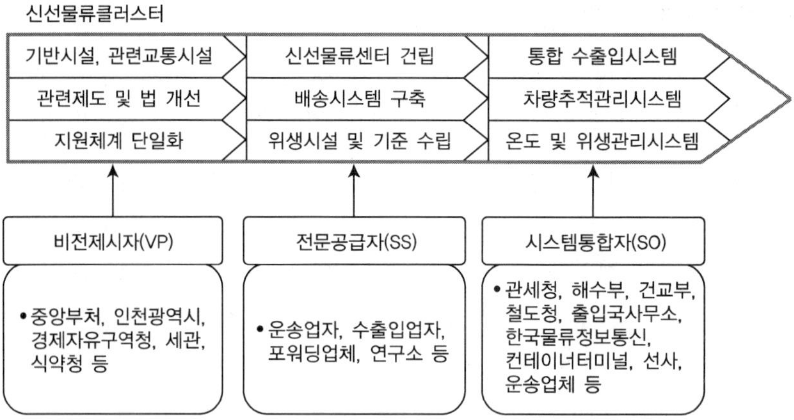

[그림 2.27] 신선물류클러스터의 구성요소

(5) 신선물류클러스터의 기능 및 발전단계

신선물류클러스터의 기능은 신선물류시스템상의 관련기능을 유기적으로 연결할 뿐만 아니라 지리적, 공간적으로 집적화하는 것이다(다른 정보나 R&D 등의 지식기반 클러스터와 달리 신선물류시스템은 식품의 이동과 부가가치를 극대화하는 것으로 클러스터 구성요소 간의 지리적 관계가 매우 중요하다).

이것은 신선물류시스템의 각 Process 상의 관련 주체 및 기능들을 집적화함으로써 업무의 통합화, 각 Process간의 시간 단축(운송시간, 배송시간, 서비스제공시간), 식품에 대한 안전한 관리를 수행할 수 있을 것이다.

신선물류클러스터의 구축 시 초기 단계에서는 인천항으로 수입되는 중국 등의 외국식품에 대해서 신선물류시스템 기능을 제공할 것이다. 이것은 수도권으로 유입되는 다른 지역의 신선식품과 단순가공 등의 재작업이 요구되는 환적화물에 있어서도 One-stop 서비스를 제공할 것이다. 또한, 신선물류클러스터는 수도권 내의 최적의 배송루트를 갖춘 신선물류센터 체제 구축을 통하여 물류비를 절감시키며, 수도권 물농량 유지 및 인전지역의 경제적 효과를 증대시킬 것이다.

발전단계에서는 북중국 물량 유치 증대 및 가공·R&D기술을 통한 고부가가치 신선상품개발, 북한의 식품공급 중개거점으로의 역할을 수행할 수 있을 것이다. 또한, 환적 신선물량 확대를 통하여 부가가치 상승을 도모할 수 있다. [그림 2.30]은 신선물류클러스터의 발전단계를 설명하는 것으로 인천지역의 신선물류클러스터 구축을 통한 효과를 개념화한 것이다.

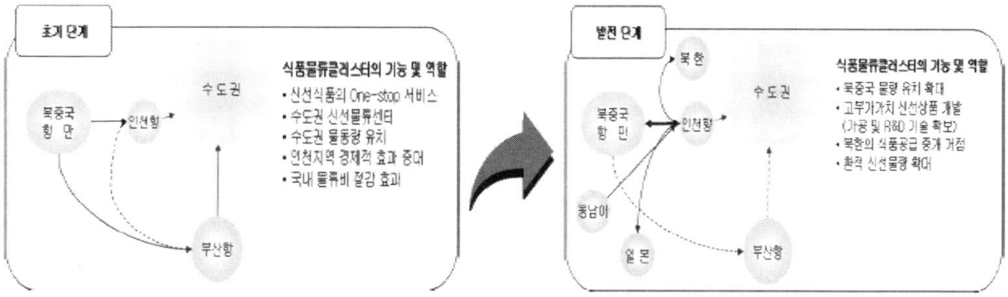

[그림 2.28] 신선물류클러스터를 통한 물동량의 흐름

(6) 농산물 유통환경의 변화 전망

수요 및 소비구조의 변화가 다음과 같이 예상된다.

- 식품 수요의 다양화와 식품 소비성향의 변화
- 농산물 구매 패턴의 다양화
- 유통업태의 빠른 분화와 소비자 구매 패턴의 변화로 다양한 가공식품의 요구

또한 생산 및 공급구조의 변화에 따라서 재배기술 발전, 우량품종 보급, 수입농산물 급증으로 공급과잉 구조 전환 및 생산의 규모화·단지화로 국내 농산물 간, 지역 간, 생산자 간 경쟁이 심화되고 산지유통기능 종합화, 수확 후 상품화 기능 진전, 생산·유통 계열화 진전이 될 것으로 예상된다.

소매유통구조의 변화와 소비자 중심의 유통체계 전환에 따라서 신 유통업태 중심의 다점포화로 국내 유통시장의 재편과 대형 유통업체의 다점포화와 자체 물류센터 보유 추세에 따라 소비자 위주 유통체계 급격한 전환이 예상되며 이로 인해 외식 및 식자재 유통업의 활성화와 대기업 참여가 확산될 것이다.

유통경로의 다원화로 인해서 도매유통기구의 다원화와 출하선택의 폭이 확대되며 지식정보화시대와 디지털경제로 인해 유통기구 간 수평적·수직적 연계, 실시간 마케팅, 거래방법의 다양화되고 농산물 유통체계 변화 전망에 따라 소매는 업체규모화·체인화 진전, 대규모 신유통업태가 중추적인 역할 담당 전망 및 산지 직구입과 글로벌소싱 비중 증가, 거래형태 다양화, 전자상거래 활성화가 된다.

도매는 기존 도매시장 체계와 대규모 신유통업태 및 도매물류회사 중심으로 재편될 전망이며, 산지는 소비지 유통체계와 소비자 주권시대 대응방향으로 빠르게 변화될 전망되고 산지의 핵심 유통기구는 종합적 유통기능 수행의 산지유통센터가 될 것으로 예상된다.

(7) 물류센터 건설의 필요성

급변하는 소비지 유통환경 변화에 대한 A지역 산지유통의 조속한 대응체제 구축의 필요성에 따라 영세 분산적인 A지역 유통체계의 조직화와 규모화로 시장교섭력 제고가 필요하게 된다.

농산물 물류 및 유통체계의 획기적 개선을 통한 유통효율성 극대화로 인해 경쟁력 제고, 시장개척 및 수요확대를 위한 소비자 지향적 상품화사업이 필요하며 A지역 농산물의 시장개척과 확대를 위한 브랜드화 확립과 A 농산물 유통체계의 국제화 전략 수립을 통해 지속적인 농업성장을 위한 해외시장 개척과 수출의 중요성이 증대된다.

A 농산물의 수출활성화를 위한 하부구조 구축은 다원화된 거래처와 다양화된 거래 방법에 대한 적절한 대응책 마련이 필요하며, 다양한 유통기구에 맞는 상품화와 거래 방법 적용을 통한 산지교섭력의 제고를 통한 A 농산물 유통체계 개선을 위한 조직적 구심체가 필요하다.

농산물 유통체계의 조직화·규모화·공동화를 위한 선도 기능 역할의 필요는 A지역 농산물 생산자를 위한 복지·문화·교육·교류의 동기제공이 필요하며 기존 산지유통 센터 및 타 지역 유통센터와의 기능 차별화와 특화된다.

A지역 농산물의 국내외 유통체계의 획기적 개선은 기존 산지유통시설 및 생산자단체와의 보완 및 선도역할 수행과 물류센터 사업의 조기활성화 및 사업성 확보로 인한 A지역 농산물의 국내외시장 경쟁력 제고로 A지역 농산물 생산자의 교육·복지·문화 시설을 제공한다.

A지역 물류센터의 건립계획에 대한 인지 여부를 생산자에게 현지 설문조사한 결과 전체 응답자의 82.8%가 물류센터 건립계획에 대해 들어 보았거나 알고 있는 것으로 응답하고 있으며, 특히 약 20%의 생산자는 물류센터의 건립계획에 대해 잘 알고 있다고 응답하고 있어 물류센터 건립에 대한 지역 생산자의 많은 관심을 보이고 있는 것으로 나타나고 있다.

(8) 기본 콘셉트

- A지역 농산물의 종합적인 상적 및 물류기지
- 농산물 거래 및 물류기능의 직접수행 및 대행
- 농산물의 종합상품화와 브랜드화 기지
- 상품화된 수출농산물에 대한 수출업무 수행

- 시장개척 및 경쟁력 제고를 위한 마케팅전략 기지
- 농산물 유통개선을 위한 종합정보센터 기지
- 농산물 전자상거래 기지
- 농산물 물류기지의 보완기능
- 시장영역 확대 및 매출액 증대
- 종합적 물류기지의 보완적 기능 수행
- 생산자 문화·복지·교육 기지
- 기존 산지유통시설과의 합리적 연계

(9) 물류센터의 중심기능

농산물 종합상품화 기능의 A지역 농산물 종합상품화를 위해서 다음과 같이 추진되어야 한다.

- 생산자가 반입한(위탁, 매취, 계약구매 등) 농산물의 상품화
- 다양한 품질 및 포장규격화, 공동브랜드화를 통한 차별화
- 기존 산지 유통시설과 연계하여 공동 기준에 의한 종합 상품화

농산물의 상품화 유형 및 차별화는 물류센터가 직접 매취하여 상품화 및 판매업무 직접 수행 및 물류센터는 생산자가 위탁한 농산물의 상품화 및 판매업무 대행을 수행한다.

도매물류 및 현장도매 기능을 위해 차별화된 브랜드 농산물을 대형 유통업체와 도매시장 등에 분배하는 도매 배송과 지역 소매상과 전국 산지수집상을 위한 현장 도매 및 위험분산과 사업 조기활성화를 위해 도매배송과 현장도매 기능의 복합화를 추진한다. 대상 품목 : 마늘, 생강, 고추 등 채소류 및 화훼류이며 세부 기능 : 수집, 예냉, 저장, 선별, 포장, 배송, 도매 등이 있다.

농산물 수출 및 정보센터 기능은 상품화된 수출농산물에 대한 수출업무 수행하며 물류센터가 직접 구매하여 상품화한 농산물의 수출 업무 생산자(단체)의 위탁에 의한 수출 대행과 수출시장 개척 및 수출상담 기능이다.

농산물 수출업체나 생산자에 대한 수출컨설팅 및 상담기능은 해외시장 개척과 수출 농산물 홍보를 위한 마케팅 전략수립과 수출증대를 위한 정보센터 기능을 통해 수출 농산물 시장정보와 동향에 대한 최신 자료 수집·분석·분산이다. 대상 품목 : 마늘, 생강, 고추 등 채소류 및 화훼류이다.

전자상거래 기능은 실물거래 기능의 보완, 판매시장 확대, 거래의 시간적·공간적 제약성 극복이고 물류센터의 브랜드화·품질규격화 상품은 전자상거래에 적합하며 전자상거래는 시장개척 및 판매확대를 위한 보완적 수단으로 활용 가능하다.

또한 브랜드 상품의 전자상거래는 시장개척 및 판매증대의 효과적인 수단이며 A 물류센터의 독자적 전자상거래 장터 구축이다.

A지역 농산물의 공동브랜드화 기능은 A지역 농산물의 상품, 시장, 가격차별화를 위한 공동브랜드화 추진주체로서 취급 품목에 대한 공동 브랜드 개발, A 전체 공동이 아닌 물류센터 공동브랜드화 추진이며 물류센터 핵심기능은 상품화기능과 공동브랜드 창출 기능과 A 농산물의 브랜드 로열티 확보 가능한 공동브랜드 창출이다.

(10) 공적 및 보조적 기능

생산자(단체)에 대한 선도 기능으로서는 품질규격화, 포장화, 마케팅전략 등에서 생산자에 대한 선도기능 수행으로 기존 생산자(단체)의 영세·분산적 개별 상품화를 물류센터의 종합 상품화로 흡수 통합과 기존 개별·영세 브랜드를 물류센터 공동 브랜드화로 유도이다.

생산자 교육·문화·홍보·교류의 장소 제공 기능으로 다음을 수행한다.

- 생산자(단체)의 생산 및 유통 등 각종 교육의 장소 제공
- A지역 문화행사와 연계한 농산물 전시회 및 홍보 기능
- A지역 농업·농민단체에 대한 화합 및 교류의 장소 제공
- A지역 우수농산물 상설전시 및 바이어 상담 기능

지역경제 활성화 및 소득증대 기능으로는 물류센터의 필요 인력은 지역주민을 우선적으로 고용함으로써 지역경제 활성화 및 소득증대 기여이다.

(11) A 물류센터 사업형태 및 사업방식

사업형태 및 특성은 기존 개별수체 상품과 차별화된 품질규격화·품질인증·공동브랜드 상품화 사업이고 수집·선별·등급화·포장·브랜드화·저장·가공·도매배송·현장도매·검역 등 종합적인 상적 및 물류기능 수행으로 국내 및 국제시장에서 신뢰도 및 인지도 제고를 위한 물류센터의 공동브랜드화이다.

종합 상품화사업의 유형으로 물류센터가 직접 매취하여 상품화 및 판매업무 직접 수행과 물류센터가 생산자의 상품을 수탁하여 상품화 및 판매업무 대행이며 생산자(단체)가 물류센터 시설을 이용하여 직접 상품화하여 판매이다.

상품화사업 내용은 신선농산물의 단순 상품화(수집·선별·등급화·포장 등)이고 신선농산물의 소분 포장화사업이며 소비자 수요를 충족시키기 위한 전처리사업 및 반가공사업의 점진적 확대이다.

상품화사업 대상은 사업초기 : 마늘, 생강, 화훼류이고 사업영역의 확장, 시장개척에 따라 고추, 기타 채소류의 종합상품화사업 추진하며 사업 목표는 판매시장에서 물류센터 상품브랜드의 인지도 및 구매신뢰성 조기 확보와 브랜드파워를 통한 브랜드로열티(고급상품화, 고가상품화) 추구이고 A 농산물의 안정적인 시장 확보와 시장차별화 구축이다.

사업형태 및 특성은 물류센터에서 상품화된 품목(마늘, 생강, 기타 채소류 및 화훼류)과 기존 산지유통시설에서 상품화된 품목(깐마늘, 건고추, 고춧가루)을 대형 유통업체 및 도매시장에 배송으로 유통업체 구매팀, 수출업체, 산지수집상, 시장도매인, 현지소매상 등의 방문수요에 대한 현장 도매 사업이다.

물류센터가 개설한 전자상거래장터를 통한 전자상거래 배송은 판매사업의 유형으로 유통계약에 의한 수발주 시스템으로 유통업체 구매본부나 물류센터에 배송과 사전 예약에 의한 공영도매시장 배송(예약출하 시스템)으로 현장 방문자에 대한 현장도매 판매 및 수출시장 바이어와의 계약에 의한 직접수출 및 수출업체 위탁이다.

사업 방식은 전문 배송업체의 아웃소싱에 의한 물류센터 브랜드화 상품의 배송과 일관 저온유통체계 운용으로 품질유지 및 고부가가치화로 ULS 도입에 의한 물류 효율화 추구 및 대상 품목은 마늘, 생강, 고추, 기타채소류 및 화훼류이다.

사업 목표는 물류센터 상품의 브랜드화로 시장 및 가격 차별화, 물류센터 브랜드의 인지도 및 구매 신뢰성 조기 확보 및 사업초기의 위험을 최대한 감소시키고 조기에 사업이익을 극대화하는 것이다.

사업 형태로는 물류센터가 수출농산물 매취와 수출상품화로 물류센터 브랜드로 수출업무 수행, 수출업체와 생산자의 위탁에 의한 수출업무 및 수출상품화사업 대행, 물류센터가 시장개척 및 수출전문가를 고용 또는 육성, 수출시장의 동향분석과 시장개척 업무 수출업무의 보조적 사업 수행, 수출업체 및 생산자(단체) 수출컨설팅 및 중개사업 및 수출시장의 주요 바이어 초청 등에 의한 수출상담 및 시장개척이다.

사업 방식은 물류센터 운영주체가 전문가를 고용하여 수출상품화와 수출업무를 직접 수행과 물류센터가 수출상품화 직접수행, 수출회사에 수출업무 위탁 방식으로 대상상품은 마늘, 생강, 고추, 기타채소류 및 화훼류이다.

2.4.3 물류센터로의 전환 요건

(1) 화주기업의 인식 변화

냉동·냉장창고를 활성화하기 위해서는 냉동·냉장 화물의 화주기업들이 냉동·냉장 창고와의 수평적 협력관계로의 인식이 필요하다.

냉동·냉장창고를 하나의 보관 창고의 개념에서 보관 기능으로만 수행하는 것으로만 인식하는 것이 아니라 다양한 물류 서비스를 제공하여 고객만족을 주도할 수 있는 경쟁우위 전략으로 활용해야 된다는 관점으로의 전환이 필요하다.

물류센터형 냉동·냉장창고로의 전환을 통한 효과를 얻기 위해서는 파트너 간 물류 정보를 통합해야 하므로 상생의 차원에서 신뢰성을 구축하고자 하는 의지가 필요하다.

(2) 법 제도의 개선

냉동·냉장창고의 3PL 활성화를 위해서는 불필요한 행정규제 철폐 및 관련 법률의 제도적 개선이 이루어져야 한다.

국토해양부에서는 종합물류기업인증제를 2006년 1월부터 시행되고 있으며, 물류기업들이 종합물류기업인증을 받기 위해서는 화물운송, 물류시설운영, 물류서비스의 3가지 서비스를 종합적으로 제공해야 하고, 3PL 비중이 20% 이상이며, 서비스의 다양성, 기업 규모, 발전가능성 등을 종합평가해 총점 70% 이상 등의 요건을 갖추어야 된다.

이러한 까다로운 요건으로 인해 대다수의 냉동·냉장창고업계는 중소규모로 운영되고 있기 때문에 종합물류기업인증을 받기 위한 기준 항목을 만족하기가 매우 어려운 상황이다.

현재까지 종합물류기업인증제도의 시행으로 인한 물류경쟁력 강화와 물류비 절감이 실현되기 위해서는 물류서비스 제고와 경영개선에 필요한 기반시설 확충과 제도적 지원을 확대해 나가야하며, 그와 동시에 냉동냉장업계 또한 종합물류기업으로 성장할 수 있도록 정책적 지원이 뒷받침되어야 한다.

(3) 정보화 및 표준화 구축

물류센터형 냉동·냉장창고로 전환하기 위해서는 화주기업과 냉동·냉장창고업계 및 물류기업 혹은 물류기업간의 전략적 제휴를 지속적으로 추진되어야 하고 이를 위해서 기업 간 정보시스템의 통합 및 호환이 요구된다.

정부 및 협회 차원에서 각 시설과 설비의 표준을 확립하여 이를 화주기업과 냉동냉장창고업계에 충분히 인지시켜 표준규격을 따를 수 있도록 인센티브제도 등의 시행을 모색해야 할 것이다.

(4) 물류 전문업체의 대형화 주도 필요

물류센터형 냉동·냉장창고로 전환하기 위해서는 3PL을 수행할 수 있는 능력을 확보하기 위해 일정 규모 이상의 대형화가 필요하다. 현재의 대다수의 냉동·냉장창고는 규모가 영세하여 전문적인 창고운영 및 경영에 한계가 있고 특히 중국이나 일본 등의 대형 냉동·냉장창고업계와의 경쟁에서 뒤쳐질 우려가 있기 때문에 정부는 냉동·냉장업체간 컨소시엄 또는 집적화를 통한 냉동·냉장업계의 통합화, 대형화가 촉진될 수 있는 방안 모색이 필요하다.

(5) 전문 인력의 양성 지원

냉동·냉장창고는 국민의 식생활과 직접적인 연관이 있는 기간산업으로의 인식이 필요하며, 물류센터형 냉동·냉장창고를 효율적으로 운영할 수 있는 전문적인 운영 인력 양성 지원이 필요하다.

① 물류시설의 개발 및 운영에 관한 법률 목적

이 법은 물류시설을 합리적으로 배치·운영하고 물류시설 용지를 원활히 공급하여 물류산업의 발전을 촉진함으로써 국가경쟁력을 강화하고 국토의 균형 있는 발전과 국민경제의 발전에 이바지함을 목적으로 한다.

② 정의

이 법에서 사용하는 용어의 정의는 다음과 같다.

- **물류시설**이란 다음 각 목의 시설을 말한다.
    가. 화물의 운송·보관·하역을 위한 시설
    나. 화물의 운송·보관·하역과 관련된 가공·조립·분류·수리·포장·상표부착·판매·정보통신 등의 활동을 위한 시설
    다. 물류의 공동화·자동화 및 정보화를 위한 시설
    라. 가부터 다까지의 시설이 모여 있는 물류터미널 및 물류단지
- **물류터미널**이란 화물의 집화·하역 및 이와 관련된 분류·포장·보관·가공·조립 또는 통관 등에 필요한 기능을 갖춘 시설물을 말한다. 다만, 가공·조립 시설은

대통령령으로 정하는 규모 이하의 것이어야 한다.

- **물류터미널사업**이란 물류터미널을 경영하는 사업으로서 복합물류터미널사업과 일반물류터미널사업을 말한다. 다만, 다음 각 목의 시설물을 경영하는 사업을 제외한다.

  가. 항만법의 항만시설 중 항만구역 안에 있는 화물하역시설 및 화물보관·처리시설

  나. 항공법의 공항시설 중 공항구역 안에 있는 화물운송을 위한 시설과 그 부대시설 및 지원시설

  다. 철도사업법에 따른 철도사업자가 그 사업에 사용하는 화물운송·하역 및 보관 시설

  라. 유통산업발전법의 집배송시설 및 공동집배송센터

- **복합물류터미널사업**이란 두 종류 이상의 운송수단 간의 연계운송을 할 수 있는 규모 및 시설을 갖춘 물류터미널사업을 말한다.

- **일반물류터미널사업**이란 물류터미널사업 중 복합물류터미널사업을 제외한 것을 말한다.

- **물류단지**란 물류단지시설과 지원시설을 집단적으로 설치·육성하기 위하여 지정·개발하는 일단의 토지를 말한다.

- **물류단지시설**이란 화물의 운송·집화·하역·분류·포장·가공·조립·통관·보관·판매·정보처리 등을 위하여 물류단지 안에 설치되는 다음의 시설을 말한다.

  가. 물류터미널 및 창고

  나. 유통산업발전법의 대규모점포·전문상가단지·공동집배송센터 및 중소유통공동도매물류센터

  다. 농수산물유통 및 가격안정에 관한 법률의 농수산물도매시장·농수산물공판장 및 농수산물종합유통센터

  라. 궤도운송법에 따른 궤도사업을 경영하는 자가 그 사업에 사용하는 화물의 운송·하역 및 보관 시설

  마. 축산물가공처리법의 작업장

  바. 농업협동조합법·수산업협동조합법·산림조합법 또는 중소기업협동조합법에 따른 조합 또는 그 중앙회가 설치하는 구매사업 또는 판매사업 관련 시설

사. 화물자동차 운수사업법의 화물자동차운수사업에 이용되는 차고, 화물취급소, 그 밖에 화물의 처리를 위한 시설

아. 약사법의 의약품 도매상의 창고 및 영업소시설

자. 그 밖에 물류 기능을 가진 시설로서 대통령령으로 정하는 시설

차. 가부터 자까지의 시설에 딸린 시설

- **지원시설**이란 물류단지시설의 운영을 효율적으로 지원하기 위하여 물류단지 안에 설치되는 다음의 시설을 말한다.

가. 대통령령으로 정하는 가공·제조 시설

나. 정보처리시설

다. 금융·보험·의료·교육·연구 시설

라. 물류단지의 종사자 및 이용자의 생활과 편의를 위한 시설

마. 그 밖에 물류단지의 기능 증진을 위한 시설로서 대통령령으로 정하는 시설

- **물류단지개발사업**이란 물류단지를 조성하기 위하여 시행하는 다음의 사업을 말한다.

가. 물류시설 용지 및 지원시설 용지의 조성사업

나. 도로·철도·궤도·항만 또는 공항 시설 등의 건설사업

다. 전기·가스·용수 등의 공급시설과 전기통신설비의 건설사업

라. 하수도, 폐기물처리시설, 그 밖의 환경오염방지시설 등의 건설사업

마. 그 밖에 사업에 딸린 사업

③ 다른 법률과의 관계

- 항만에 관한 개발계획은 항만법, 신항만건설촉진법 등 항만건설에 관한 법률로 정하는 바에 따른다.
- 다른 법률에서 물류터미널 및 물류단지 외의 물류시설의 개발·관리 및 운영 등에 관하여 규정하고 있는 경우에는 그 법률로 정하는 바에 따른다.

④ 물류시설개발종합계획의 수립

- 국토해양부장관은 물류시설의 합리적 개발·배치 및 물류체계의 효율화 등을 위하여 물류시설(항만시설을 제외)의 개발에 관한 물류시설개발종합계획을 5년 단

위로 수립하여야 한다.

- 물류시설개발종합계획은 물류시설을 다음의 기능별 분류에 따라 체계적으로 수립한다. 이 경우 다음의 물류시설의 기능이 서로 관련되어 있는 때에는 이를 고려하여 수립하여야 한다.
  - 단위물류시설 : 창고 및 집배송센터 등 물류활동을 개별적으로 수행하는 최소단위의 물류시설
  - 집적[클러스터(cluster)]물류시설 : 물류터미널 및 물류단지 등 둘 이상의 단위물류시설 등이 함께 설치된 물류시설
  - 연계물류시설 : 물류시설 상호 간의 화물운송이 원활히 이루어지도록 제공되는 도로 및 철도 등 교통시설
- 물류시설개발종합계획에는 다음의 사항이 포함되어야 한다.
  - 물류시설의 장래수요에 관한 사항
  - 물류시설의 계획적 공급에 관한 사항
  - 물류시설의 지정·개발에 관한 사항
  - 물류시설의 지역별·규모별·연도별 배치 및 우선순위에 관한 사항
  - 물류시설의 기능개선 및 효율화에 관한 사항
  - 물류시설의 공동화·집단화에 관한 사항
  - 물류시설의 국내 및 국제 연계수송망 구축에 관한 사항
  - 물류시설의 환경보전·관리에 관한 사항
  - 도심지에 위치한 물류시설의 정비와 교외이전에 관한 사항
  - 그 밖에 대통령령으로 정하는 사항

⑤ 물류시설개발종합계획의 수립절차

- 국토해양부장관은 물류시설개발종합계획을 수립하는 때에는 관계 행정기관의 장으로부터 소관별 계획을 제출받아 이를 기초로 물류시설개발종합계획안을 작성하여 특별시장·광역시장·도지사 또는 특별자치도지사의 의견을 듣고 관계 중앙행정기관의 장과 협의한 후 물류정책기본법의 물류시설분과위원회의 심의를 거쳐야 한다. 물류시설개발종합계획 중 대통령령으로 정하는 사항을 변경하려는 때에도 또한 같다.

- 국토해양부장관은 물류시설개발종합계획을 수립하거나 변경한 때에는 이를 관보에 고시하여야 한다.
- 관계 중앙행정기관의 장은 필요한 경우 국토해양부장관에게 물류시설개발종합계획을 변경하도록 요청할 수 있다.
- 국토해양부장관은 대통령령으로 정하는 바에 따라 관계 기관에 물류시설개발종합계획을 수립하거나 변경하는 데에 필요한 자료의 제출을 요구하거나 협조를 요청할 수 있으며, 그 요구나 요청을 받은 관계 기관은 정당한 사유가 없으면 이에 따라야 한다.
- 국토해양부장관은 물류시설개발종합계획을 효율적으로 수립하기 위하여 필요하다고 인정하는 때에는 물류시설에 대하여 조사할 수 있다. 이 경우 물류시설의 조사에 관하여는 물류정책기본법을 준용한다.
- 물류시설개발종합계획의 수립 등에 필요한 사항은 대통령령으로 정한다.

⑥ 물류시설개발종합계획과 다른 계획과의 관계

- 물류시설개발종합계획은 「물류정책기본법」의 국가물류기본계획과 조화를 이루어야 한다.
- 국토해양부장관, 관계 중앙행정기관의 장 또는 시·도지사는 물류시설을 지정·개발하거나 인·허가를 할 때 이 법에 따라 수립된 물류시설개발종합계획과 상충되거나 중복되지 아니하도록 하여야 한다.
- 국토해양부장관, 관계 중앙행정기관의 장 또는 시·도지사는 다음의 어느 하나에 해당하는 경우에는 그 계획을 변경하도록 요청할 수 있다. 이 경우 조정이 필요하면 물류정책기본법의 물류시설분과위원회에 조정을 요청할 수 있다.
  - 다른 행정기관이 직접 지정·개발하려는 물류시설 개발계획이 물류시설개발종합계획과 상충되거나 중복된다고 인정하는 경우
  - 다른 행정기관이 인·허가를 하려는 물류시설 개발계획이 물류시설개발종합계획과 상충되거나 중복된다고 인정하는 경우

⑦ 복합물류터미널사업의 등록

- 복합물류터미널사업을 경영하려는 자는 국토해양부령으로 정하는 바에 따라 국토해양부장관에게 등록하여야 한다.
- 복합물류터미널사업의 등록을 할 수 있는 자는 다음의 어느 하나에 해당하는 자로 한다.

- 국가 또는 지방자치단체
- 공공기관의 운영에 관한 법률에 따른 공공기관 중 대통령령으로 정하는 공공기관
- 지방공기업법에 따른 지방공사
- 특별법에 따라 설립된 법인
- 민법 또는 상법에 따라 설립된 법인

• 복합물류터미널사업의 등록을 한 자(복합물류터미널사업자)가 그 등록한 사항 중 대통령령으로 정하는 사항을 변경하려는 경우에는 대통령령으로 정하는 바에 따라 변경등록을 하여야 한다.

• 복합물류터미널사업의 등록을 하려는 자는 다음의 등록기준을 갖추어야 한다.

- 복합물류터미널이 해당 지역 운송망의 중심지에 위치하여 다른 교통수단과 쉽게 연계될 것
- 부지 면적이 3만 3천제곱미터 이상일 것
- 다음의 시설을 갖출 것

가. 주차장

나. 화물취급장

다. 창고 또는 배송센터

- 물류시설개발종합계획 및 물류정책기본법의 국가물류기본계획상 물류터미널의 개발 및 정비계획 등에 배치되지 아니할 것

⑧ 등록의 결격사유

다음의 어느 하나에 해당하는 자는 복합물류터미널사업의 등록을 할 수 없다.

• 이 법을 위반하여 벌금형 이상을 선고받은 후 2년이 지나지 아니한 자

• 복합물류터미널사업 등록의 취소처분을 받은 후 2년이 지나지 아니한 자

• 법인으로서 그 임원 중에 다음의 어느 하나에 해당하는 자가 있는 경우

가. 금치산자·한정치산자 또는 파산선고를 받고 복권되지 아니한 자

나. 이 법을 위반하여 금고 이상의 실형을 선고받고 그 집행이 종료되거나 집행이 면제된 날부터 2년이 지나지 아니한 자

다. 이 법을 위반하여 금고 이상의 형의 집행유예를 선고받고 그 유예기간 중에

있는 자

⑨ **공사시행의 인가**

- 복합물류터미널사업자는 건설하려는 물류터미널의 구조 및 설비 등에 관한 공사계획을 수립하여 국토해양부장관의 공사시행인가를 받아야 하며, 일반물류터미널사업을 경영하려는 자는 물류터미널 건설에 관하여 필요한 경우 시·도지사의 공사시행인가를 받을 수 있다. 인가받은 공사계획 중 대통령령으로 정하는 사항을 변경하는 경우에는 해당 인가권자의 변경인가를 받아야 한다.
- 국토해양부장관 또는 시·도지사는 공사시행인가 또는 변경인가를 하려는 때에는 관할 특별자치도지사·시장·군수 또는 구청장(시장·군수·구청장)의 의견을 듣고, 관계 법령에 적합한지를 미리 소관 행정기관의 장과 협의하여야 한다.
- 국토해양부장관 또는 시·도지사는 공사계획이 국토해양부령으로 정하는 구조 및 설비기준에 적합한 경우에는 인가를 하여야 한다.
- 국토해양부장관 또는 시·도지사는 공사시행인가 또는 변경인가를 한 때에는 국토해양부령으로 정하는 바에 따라 고시하여야 한다.

⑩ **토지 등의 수용·사용**

- 공사시행인가를 받은 자(물류터미널사업자)가 물류터미널(국토의 계획 및 이용에 관한 법률에 따른 도시계획시설에 해당하는 물류터미널에 한함)을 건설하는 경우에는 이에 필요한 토지·건축물 또는 토지에 정착한 물건과 이에 관한 소유권 외의 권리, 광업권·어업권 및 물의 사용에 관한 권리(토지 등)를 수용하거나 사용할 수 있다.
- 토지 등을 수용하거나 사용할 때 공사시행인가의 고시가 있는 때에는 공익사업을 위한 토지 등의 취득 및 보상에 관한 법률에 따른 사업인정 및 사업인정의 고시를 한 것으로 보며, 재결의 신청은 공사시행인가에서 정한 사업의 시행기간 내에 할 수 있다.
- 토지 등의 수용·사용에 관하여는 이 법에 특별한 규정이 있는 경우 외에는 공익사업을 위한 토지 등의 취득 및 보상에 관한 법률을 준용한다.

⑪ **토지매수업무 등의 위탁**

물류터미널사업자는 물류터미널의 건설을 위한 토지매수업무·손실보상업무 및 이주대책에 관한 업무를 공익사업을 위한 토지 등의 취득 및 보상에 관한 법률에서 명시한 다음의 기관에 위탁하여 시행할 수 있다.

- 지방자치단체
- 보상실적이 있거나 보상업무에 관한 전문성이 있는 정부투자기관, 정부출자기관 또는 지방공기업법에 따른 지방공사로서 대통령령이 정하는 기관

⑫ **토지 출입 등**

- 물류터미널사업자는 물류터미널의 건설을 위하여 필요한 때에는 다른 사람의 토지에 출입하거나 이를 일시 사용할 수 있으며, 나무, 토석, 그 밖의 장애물을 변경하거나 제거할 수 있다.
- 다른 사람의 토지 출입 등에 관하여는 국토의 계획 및 이용에 관한 법률을 준용한다.

⑬ **국 · 공유지의 처분제한**

- 물류터미널을 건설하기 위한 부지 안에 있는 국가 또는 지방자치단체 소유의 토지로서 물류터미널 건설사업에 필요한 토지는 해당 물류터미널 건설사업 목적이 아닌 다른 목적으로 매각하거나 양도할 수 없다.
- 물류터미널을 건설하기 위한 부지 안에 있는 국가 또는 지방자치단체 소유의 재산은 국유재산법, 공유재산 및 물품 관리법, 그 밖의 다른 법령에도 불구하고 물류터미널사업자에게 수의계약으로 매각할 수 있다. 이 경우 그 재산의 용도폐지(행정재산인 경우에 한함) 및 매각에 관하여는 국토해양부장관 또는 시·도지사가 미리 관계 행정기관의 장과 협의하여야 한다.
- 용도폐지 및 매각에 따른 협의요청이 있은 때에는 관계 행정기관의 장은 그 요청을 받은 날부터 30일 이내에 용도폐지 및 매각, 그 밖에 필요한 조치를 하여야 한다.
- 물류터미널사업자에게 매각하려는 재산 중 관리청이 불분명한 재산은 다른 법령에도 불구하고 기획재정부장관이 이를 관리하거나 처분한다.

⑭ **사업의 승계**

- 복합물류터미널사업자가 그 사업을 양도하거나 법인이 합병한 때에는 그 양수인 또는 합병 후 존속하는 법인이나 합병에 의하여 설립되는 법인은 복합물류터미널사업의 등록에 따른 권리·의무를 승계한다.
- 복합물류터미널사업의 등록에 따른 권리·의무를 승계한 자는 국토해양부령으로 정하는 바에 따라 국토해양부장관에게 신고하여야 한다.

- 승계한 자의 결격사유에 관하여는 등록의 결격사유를 준용한다.

⑮ 사업의 휴업 · 폐업

- 복합물류터미널사업자는 복합물류터미널사업의 전부 또는 일부를 휴업하거나 폐업하려는 때에는 미리 국토해양부장관에게 신고하여야 한다.
- 복합물류터미널사업자인 법인이 합병 외의 사유로 해산한 경우에는 그 청산인(파산에 따라 해산한 경우에는 파산관재인)은 지체 없이 그 사실을 국토해양부장관에게 신고하여야 한다.
- 휴업기간은 6개월을 초과할 수 없다.
- 복합물류터미널사업자가 사업의 전부 또는 일부를 휴업하거나 폐업하려는 때에는 미리 그 취지를 영업소나 그 밖에 일반 공중이 보기 쉬운 곳에 게시하여야 한다.

⑯ 등록증대여 등의 금지

복합물류터미널사업자는 다른 사람에게 자기의 성명 또는 상호를 사용하여 사업을 하게 하거나 그 등록증을 대여하여서는 아니 된다.

⑰ 등록의 취소 등

국토해양부장관은 복합물류터미널사업자가 다음의 어느 하나에 해당하는 때에는 그 등록을 취소하거나 6개월 이내의 기간을 정하여 사업의 정지를 명할 수 있다.

- 거짓이나 그 밖의 부정한 방법으로 복합물류터미널사업의 등록을 한 때(반드시 등록 취소)
- 대통령령으로 정하는 사항을 변경하려는 경우 변경등록을 하지 아니하고 등록사항을 변경한 때
- 복합물류터미널사업의 등록기준에 맞지 아니하게 된 때, 다만, 3개월 이내에 그 기준을 충족시킨 때에는 그러하지 아니하다.
- 등록의 결격사유 어느 하나에 해당하게 될 대(반드시 등록 취소) (단, 등록의 결격사유 ·항에 해당하는 경우로서 그 사유가 발생한 날부터 3개월 이내에 해당 임원을 개임한 경우 제외)
- 공사시행 인가 도는 변경인가를 받지 아니하고 공사시행하거나 변경한 때
- 사업의 전부 또는 일부를 휴업한 후 정당한 사유 없이 신고한 휴업기간이 지난 후에도 사업을 재개하지 아니한 때

- 등록증대여 등의 금지를 위반하여 다른 사람에게 자기의 성명 또는 상호를 사용하여 사업을 하게 하거나 등록증을 대여한 때(반드시 등록 취소)
- 등록의 취소 등에 따른 사업정지명령을 위반하여 그 사업정지기간 중에 영업을 한 때(반드시 등록 취소)

⑱ **과징금**

- 국토해양부장관은 복합물류터미널사업자가 등록의 취소에 해당하여 사업의 정지를 명하여야 하는 경우로서 그 사업의 정지가 그 사업의 이용자 등에게 심한 불편을 주는 경우에는 그 사업정지처분을 갈음하여 1천만 원 이하의 과징금을 부과할 수 있다.
- 국토해양부장관은 위반행위를 한 자에 대하여 과징금을 부과하는 위반행위의 종류와 그 정도에 따른 과징금의 금액, 그 밖에 필요한 사항은 대통령령으로 정한다.
- 통지를 받은 자는 이를 받은 날로부터 20일 이내에 국토해양부장관이 정하는 수납기관에 과징금을 내야 한다. 다만, 천재지변이나 그 밖의 부득이한 사유로 인한 경우 그 사유가 없어진 날부터 7일 이내에 내야 한다.
- 과징금은 분할하여 낼 수 없다.

⑲ **물류터미널사업협회**

- 복합물류터미널사업자 및 일반물류터미널을 경영하는 자는 물류터미널사업의 건전한 발전과 사업자의 공동이익을 도모하기 위하여 대통령령으로 정하는 바에 따라 물류터미널사업협회를 설립할 수 있다.
- 물류터미널사업협회를 설립하려는 경우에는 해당 협회의 회원의 자격이 있는 자 중 5분의 1 이상의 발기인이 정관을 작성하여 해당 협회의 회원 자격이 있는 자의 3분의 1 이상이 출석한 창립총회의 의결을 거친 후 국토해양부장관의 설립인가를 받아야 한다.
- 물류터미널사업협회는 설립인가를 받아 설립등기를 함으로써 성립한다.
- 물류터미널사업협회는 법인으로 한다.
- 물류터미널사업협회에 관하여 이 법에 규정한 것 외에는 민법 중 사단법인에 관한 규정을 준용한다.
- 물류터미널사업협회의 업무 및 정관 등에 필요한 사항은 대통령령으로 정한다.

⑳ **물류터미널 개발의 지원**

- 국가 또는 지방자치단체는 물류터미널사업자가 다음의 어느 하나에 해당하는 사업을 수행하는 경우에는 소요자금의 일부를 융자하거나 부지의 확보를 위한 지원을 할 수 있다.
  - 물류터미널의 건설
  - 물류터미널 위치의 변경
  - 물류터미널의 규모·구조 및 설비의 확충 또는 개선
- 국토해양부장관은 물류터미널 개발의 지원 사업을 위하여 필요하다고 인정하는 경우에는 시 · 도지사에게 부지의 확보 및 도시계획시설의 설치 등에 관한 협조를 요청할 수 있다.

㉑ **인 · 허가 등의 의제**

- 국토해양부장관 또는 시 · 도지사가 공사시행의 인가를 하는 경우에 다음의 인가 · 허가 · 승인 또는 결정 등(인 · 허가 등)에 관하여 관계 행정기관의 장과 협의한 사항은 해당 인 · 허가 등을 받은 것으로 보며, 공사시행인가를 고시한 때에는 다음의 법률에 따른 해당 인 · 허가 등의 고시 또는 공고를 한 것으로 본다.
  - 건축법에 따른 건축허가, 건축신고, 건축허가·신고사항의 변경, 가설 건축물의 건축의 허가 · 신고 및 건축협의
  - 공유수면관리법에 따른 공유수면의 점용 · 사용허가 및 실시계획의 승인 또는 신고
  - 공유수면매립법에 따른 공유수면매립의 면허 및 실시계획의 승인
  - 국토의 계획 및 이용에 관한 법률에 따른 도시관리계획의 결정, 토지형질변경의 허가 또는 토지분할의 허가, 도시계획시설사업의 시행자의 지정 및 실시계획의 인가
  - 농어촌정비법에 따른 농업생산기반시설의 목적 외 사용승인
  - 농지법에 따른 농지전용의 허가 및 협의
  - 도로법에 따른 도로공사의 시행허가 및 도로의 점용허가
  - 도시개발법에 따른 사업시행자의 지정 및 실시계획의 인가
  - 사도법에 따른 사도개설의 허가

- 사방사업법에 따른 벌채 등의 허가 및 사방지 지정의 해제
- 산지관리법에 따른 산지전용허가 및 산지전용신고, 산림자원의 조성 및 관리에 관한 법률에 따른 입목벌채 등의 허가·신고, 산림보호법에 따른 산림보호구역(산림유전자원보호구역은 제외)에서의 행위의 허가·신고
- 수도법에 따른 수도사업의 인가, 전용수도 설치의 인가
- 장사 등에 관한 법률에 따른 연고자가 없는 분묘의 개장허가
- 초지법에 따른 초지전용허가
- 하수도법에 따른 공공하수도공사의 시행허가
- 하천법에 따른 하천공사 시행허가, 하천공사실시계획의 인가 및 하천의 점용허가
- 항만법에 따른 항만공사의 시행허가 및 실시계획의 승인

- 물류터미널사업자가 물류터미널의 공사를 완료하고 건축법에 따른 사용승인을 받은 경우에는 다음의 사항에 관하여 소관 행정기관의 허가를 받거나 소관 행정기관에 등록 또는 신고한 것으로 본다.
  - 물류정책기본법에 따른 국제물류주선업의 등록(복합물류터미널의 경우에만 적용)
  - 석유 및 석유대체연료 사업법에 따른 석유판매업 중 주유소의 등록 또는 신고
  - 식품위생법에 따른 식품접객업(단란주점영업 및 유흥주점영업을 제외)의 허가
  - 자동차관리법에 따른 자동차관리사업 중 자동차매매업 및 자동차정비업의 등록
  - 화물자동차 운수사업법에 따른 화물자동차운송주선사업의 허가
- 공사완료 후 사용승인을 얻은 경우의 의제사항–물류터미널사업자가 물류터미널의 공사를 완료하고 건축법에 따른 사용승인을 받은 경우에는 다음의 사항에 관하여 소관 행정기관의 허가를 받거나 소관 행정기관에 등록 또는 신고한 것으로 본다.
  - 물류정책기본법에 따른 국제물류주선업의 등록
  - 석유 및 석유대체연료 사업법에 따른 석유판매업 중 주유소의 등록 또는 신고
  - 식품위생법에 따른 식품접객업(단란주점영업 및 유흥주점영업을 제외)의 허가
  - 자동차관리법에 따른 자동차관리사업 중 자동차매매업 및 자동차정비업의 등록
  - 화물자동차 운수사업법에 따른 화물자동차운송주선사업의 허가

2.4.4 물류센터 거래량 추정 및 시설규모 산정

(1) 적정 취급물량 추정 및 시설규모 산정

① A지역 농산물 판매실태

A지역 농산물 판매형태에 대한 현지 설문조사 결과, 일반적으로 산지 수집상인 출하, 농협계통 출하, 도매시장 등 개별시장 출하가 대부분을 차지하며, 일부 품목에 따라 유통업체 계약출하, 전자상거래, 노변판매 등으로 나타나고 있다. 산지수집상 판매비중이 높은 품목은 고추(51.5%), 생강(42.7%)으로 나타난다. 농협 계통출하 비중이 높은 품목은 마늘(41.0%), 달래 등 기타채소류 (31.9%)로 이 경우 상당 부분 개별출하 비중이 포함된 것으로 추정된다. 도매시장 등 개별 출하 비중이 높은 품목은 알타리무 등 기타채소류 (24.9%), 생강(22.8%) 등으로 나타나고 있다. A지역의 생산자는 농산물 판매처 결정 시 주요 고려사항으로 편리하다.

② 취급물량 추정을 위한 가정

물류센터의 사업이 건설 후 사업의 활성화를 통해 본궤도 진입하는 목표 년도는 물류센터 건설 5년 후인 2013년도로 설정하였으며 물류센터의 건설 완공과 사업 개시년도를 2008년도로 설정하고 있다. 농산물 물류센터의 시설 가동율을 100% 달성하는 시기는 건설 후 약 5년 정도로 추정한다.

A지역 물류센터 채소류 취급대상 품목은 마늘, 생강, 고추, 엽채류를 포함 한 기타채소류이고 합상품화 후 판매사업 대상 품목은 마늘, 생강, 엽채류 등 기타 채소류 이다. 도매배송 및 현장도매 등 물류센터 현지 판매사업 대상 품목은 건고추, 고춧가루, 일부 채소류 이며 전자상거래 대상 품목은 물류센터 취급 모든 품목이다.

물류센터 취급 품목의 목표연도의 총생산량은 한국농촌경제연구원 품목별 추정치 및 생산자 재배의향 조사결과를 고려하여 추정하고 있으며 2013년 A지역 물류센터 채소류 취급 대상품목(마늘, 생강, 고추, 기타채소 류)의 총 생산량은 41,879톤으로 추정된다.

품목별 2013년의 생산량 추정치는 마늘 11,850톤, 생강 4,710톤, 고추 2,008톤, 기타 채소류 23,311톤이고 사업 활성화 연도의 물류센터 채소류 취급물량은 유통환경 변화전망, A지역 기존 유통시설의 활용 정도, 유통경로의 다원화 등 요인을 종합적으로 고려하여 산정하고 있다.

A지역 농산물유통에서 산지수집상 취급비중은 지속적인 감소추세가 전망되며 도매시장에 대한 개별출하 비중도 소비지 시장의 변화에 따라 감소할 것으로 전망하고 있다.

물류센터 사업의 목표연도인 2013년의 경우 A지역 농산물유통의 중심기구는 물류센터가 될 것으로 예상되며 사업 개시년도인 2005년까지는 현재의 판매형태별 출하비중이 동일하다는 것을 가정하고 있다.

③ 물류센터 취급 가능 물량

물류센터 채소류 상품화사업과 판매사업 대상 물량은 대부분 기존의 산지수집상 판매물량, 일부 농협 계통출하 물량, 개별시장 출하물량이 포함하고 있으며 물류센터에서 상품화를 위한 처리 가능한 최대 물량은 품목에 따라 약간의 차이는 있으나 A지역 생산자의 물류센터 이용 정도를 조사한 결과 약 70% 수준으로 추정하고 있다.

추정된 2013년도 물류센터 취급 가능한 최대물량은 29,315톤이며 이중 물류센터 종합 상품화 대상물량(마늘, 생강, 엽채류 등 기타채소류)은 23,029톤이고 판매사업 대상 물량(건고추, 고춧가루, 일부 채소류)은 6,286톤이며, 품목별로는 마늘 8,295톤, 생강 3,297톤, 고추 1,406톤, 기타 채소류 16,317톤이다.

물류센터 실질 취급물량은 취급 가능한 최대물량 중 A지역의 품목별 거래 관행, 향후 거래형태 변화 전망, 물류센터 사업 활성화를 위한 취급 물량 등을 종합적으로 고려하여 설정하고 있으며 전통적 거래관행과 향후 유통경로 및 출하처 다원화 추세를 고려하면 물류센터 취급 가능한 최대물량은 목표연도 2013년 취급물량이 될 수 없을 것으로 판단된다.

기존 A지역 유통체계 및 품목별 생산량 예측치를 고려하면 목표연도 취급물량은 품목별로 차이는 있으나 취급 가능한 물량의 약 65% 정도까지 가능할 것으로 예상되며 2013년의 물류센터 취급 물량비중은 전체 추정 생산량의 45.4% 정도가 될 것으로 판단된다.

취급물량이 40% 이상일 경우 산지의 시장지배력이 매우 높은 수준이기 때문에 시장구조와 수급 및 가격형성에 영향을 미칠 수 있는 충분한 물량으로 판단되며 따라서 물류센터의 채소류 취급 예상물량은 19,000톤으로 추정된다.

상품화사업 후 판매사업 대상 물량은 14,900톤(1일 평균 40톤)이며, 도매배송 및 현장 도매 대상 물량은 4,100톤(1일 평균 11톤)이다

④ 적정 시설규모 산정

시설규모 산정시 고려사항은 다음과 같다.

첫째, 물류센터 컨셉과 중심기능에 부합하는 시설종류 및 기능별 적정 규모의 시설배치

둘째, 단일품목이 아닌 다 품목 물류센터로서의 기능 극대화 방향

셋째, 물류기능과 상적기능이 복합된 물류센터로서의 연계성 효율화와 기능 극대화

넷째, 급변하는 유통 환경과 소비자 식품수요의 요구, 신선농산물 수출환경 변화에 적절하게 대응하고 충족시킬 수 있는 시설 및 기능

다섯째, 생산자와 구매자의 시설이용 편의성, 농산물 유통기능 관련 일괄구비, 농민의 문화·복지·교류기능, 국제화 기능의 극대화 등을 고려

시설규모 산정방법은 다음과 같다.

첫째, 적정 시설규모는 전국의 기존 유사 유통시설의 취급실태 및 문제점을 분석하고, 유사한 기능을 수행하는 전국의 유통시설에 대한 취급실태 및 유통시설 운영 전문가의 의견을 충분히 반영하여 도출한 원단위를 기준으로 산정함.

둘째, 종합상품화 시설 상품화 시설 및 장비의 단위당 처리능력(대형 자동선과기 기준) 고려

셋째, 상품화 기능과 유사한 기존 농산물 물류센터의 시설규모와 처리실적 고려

넷째, 1일 평균 처리량과 성수기 최고 처리량을 고려

판매 시설(현장도매)에 따라 주요 산지유통센터 및 산지물류센터 판매시설의 원단위 적용 및 판매장 기능과 유사한 주요 도매시장의 경매장규모와 거래실적을 고려한다. 현장도매를 위한 단위 면적당 적재능력과 현행 경매장의 상품적재 실태에 따라 1일 평균 처리량과 성수기 최고 처리량을 고려한다.

시설규모 산정은 시설의 종류에 따라 달라진다.

상품화 및 판매 시설 : 집하장 및 선별장, 배송 및 현장도매이며, 필수 지원 시설 : 예냉시설, 저온저장시설, 소분포장실, 품질검사실, 소독실(훈증실), 일반작업실, 일반창고이다. 또한 물류센터의 채소류 예상 취급물량을 고려한 적정한 시설규모는 1,050평으로 추정하고 있다.

물류센터의 시설별 면적은 상품화시설 520평, 판매시설 150평, 예냉시설 50평, 저온저장시설 250평, 소분포장실 30평 등이다.

나. 화훼류

1) 추정을 위한 기본 가정

물류센터의 사업개시 연도는 2008년이나 물류센터가 화훼수출 및 내수 상품의 전진기지로서 활성화되는 시기인 목표연도는 2013년으로 설정하였으며 화훼류의 주 취

급품목은 다음과 같다.

첫째, 수출 위주 품목: 국화, 백합, 장미, 양란.

둘째, 내수 위주 품목: 안개, 스타치스 등 기타 절화류.

2013년의 화훼생산량은 최근 5년(1998～2003)의 품목별 전국단위 생산면적 증가 추이와 A지역 품목별 단수를 적용하여 추정하고 기준 면적은 2004년의 품목별 재배 면적을 적용하고 있으며 우리나라의 화훼수출은 1990년대 초부터 시도되었으나 당시는 선인장 등 일부 품목에 국한되었고, 장미, 국화 등 절화류 수출은 IMF 외환위기 이후부터 본격적으로 시도되었기 때문에 1998년 이후의 연평균 생산면적 증가율을 적용하고 있다.

화훼 생산량은 재배시설, 농가의 기술수준에 따라 차이가 있기 때문에 현재 A지역 화훼농가의 생산단수를 적용하며 물류센터의 취급대상물량과 취급예상물량은 화훼농가 조사결과를 반영하여 산정하고 있다.

취급 대상물량은 생산량 중 화훼농가의 물류센터 이용 의향 정도를 적용하며 취급 예상물량은 품목별 공영시장 출하율과 수출비중을 적용하여 산정하며 수출물량 추정은 국화, 백합, 양란의 경우 취급예상 물량의 30%가 수출되는 것으로 가정함. 다만 장미는 A지역의 장미생산 기반이 국화, 백합에 비해 약세이고 고양, 김해 등 전통적 산지와의 경쟁을 고려하여 10%로 가정하고 있다.

물류센터가 활성화된 2013년 이후부터는 B지역에서 생산되는 국화의 일부 물량도 취급하는 것으로 가정하며 B지역의 화훼류 가운데 A지역 물류센터에서 취급 가능성이 높은 품목은 국화와 양란이나 양란은 현재 독자적으로 내수 또는 수출을 시도하고 있고 장미, 백합 등은 생산규모가 작아 제외하고 있다.

B지역의 국화 생산량 전망은 현재 생산면적 비중과 A지역 생산량 추정치를 활용하여 추정(B지역의 국화 생산면적은 A지역의 25% 수준임)이다.

생산전망 및 물류센터 취급물량 추정은 2013년의 A지역 화훼재배면적은 2004년에 비해 전체적으로 31.5%가 증가한 217ha가 될 것으로 추정하고 있으며 품목별로는 양란면적이 80% 이상으로 가장 크게 증가할 것으로 추정되며, 주요 수출절화인 국화, 장미, 백합의 면적도 27～39% 증가할 것으로 추정된다.

물류센터의 화훼 취급대상물량은 화훼농가의 물류센터 이용의향을 반영하여 산정하였음. 품목별로는 양난 농가가 자신의 생산량 중 85%를 물류센터를 이용해 판매하겠다는 의향을 나타내 가장 높게 나타난다. 다음은 국화농가 73.5%이고 백합농가가 65.0%로 가장 낮게 나타나고 있으며 물류센터의 화훼류 취급대상 물량은 총 44,339

톤으로 생산량의 약 70%에 이른다. 화훼농가의 공영시장 및 수출비중을 고려하여 산정한 물류센터 취급예상물량은 총 28,486톤으로 전체 생산량의 45%에 이른다. 양란을 제외하면 품목별로 생산량의 40% 내외의 물량 취급을 예상할 수 있다.

물류센터의 수출화훼 취급물량은 6천여 톤으로 지역 생산량의 약 10%를 담당할 것으로 추정된다. 품목별로는 양란이 약 20%, 국화와 백합이 11~15%, 장미는 4% 대를 차지할 것으로 예상된다.

화훼류 소요시설 및 규모는 다음을 고려하고 있다.

첫째, 물류센터가 화훼류 수출전진기지로서의 역할을 수행할 수 있도록 목표연도의 수출물량을 고려한 시설배치

- 예냉, 저온저장시설, 선별, 포장시설, 소독(훈증)시설 등

둘째, A지역의 경우 백합 양구에 적합한 자연적 조건을 갖추고 있어 물류센터가 백합 양구사업의 중심역할을 수행할 수 있는 시설 배치

- 농가단위의 양구사업은 규격화, 규모화에 한계가 있고 일회성에 머물 가능성이 크기 때문에 물류센터가 기업적 경영에 의한 양구사업을 추진
- 물류센터가 정식이전단계의 종구를 농가에 공급하고 농가는 정식에서 수확까지 담당한 후 물류센터에 출하
- 양구사업을 위한 구근저장고, 콘베어 자동화시스템 등

셋째, 농가단위에서의 상품화는 시간과 비용뿐만 아니라 출하품의 품질 균일성에도 한계가 있기 때문에 이러한 문제를 해결하고 내수 출하품의 상품성 제고를 위한 산지 공동작업장으로서의 역할에 필요한 시설배치하고 있음

- 집하장, 공동선별장, 저장시설, 일관화 된 포장시설 등

물류센터가 활성화될 경우 B지역의 일부 화훼류(일차로 국화)도 취급이 가능한 시설배치에 따라 시설종류 및 규모 추정은 다음과 같다.

물류센터의 화훼 관련 시설규모는 총 510평으로 추정하고 있으며 예냉시설과 저온저장시설 등은 관리의 편의를 위해 25평 단위로 설치할 필요가 있다. 원예공사의 경우 현재 예냉실 25평, 저온저장고 25평을 보유한 상태에서 연간 1,300만 본의 국화를 수출하고 있으나 시설이 협소한 실정이다.

A지역 물류센터 시설 규모는 A지역 물류센터의 부류별 시설규모를 산정해 보면, 채소류 취급시설, 화훼류 취급시설, 기타지원시설을 포함하여 총 1,860평이 필요한 것으로 추정된다.

주차대수 산출은 관계법령에 의한 주차대수와 타 유통시설의 시설연면적에 대한 단위주차 대수를 비교하여 산정이며 법정 주차대수 산정: 판매시설연면적 100㎡당 1대(A지역 주차장설치조례 제13조)에 따라 (산식) 연면적(㎡) ÷ 100㎡ = 5,983.47㎡ ÷ 100㎡ = 60대를 산정한다.

기존 농산물 유통센터의 주차대수 비교에 의한 산정은 국내 유사 유통센터의 면적과 주차대수를 비교한 결과 주차 1대 당의 시설연면적(지하주차장 제외)은 34.1㎡로 산출되나 현재 대다수의 유통센터 주차장 면적이 협소함으로 인한 물류효율 저하를 초래하고 있어 A물류센터의 소요 주차대수에 125% 보정하여 산정한다.

A지역 물류센터의 주차대수 산정은 (산식) = [연면적(㎡) ÷ 주차 1대당의 시설연면적(㎡)] × 1.25 = (5,983.47㎡ ÷ 34.1㎡) × 1.25 = 219대이다.

옥외주차장 면적 산정은 도매기능과 도심지 소매기능이 혼재된 기존유통센터의 입·출하용 트럭과 고객용 승용차의 비율이 약 20～30%: 70～80%로 승용차 비율이 높게 나타나고 있다.

그러나 산지물류센터에 필요한 기능에서 보듯이 소매기능은 최소한으로 운영되어질 것이며 그에 따라 소형승용차에 의한 물류이동은 미미할 것으로 예상됨에 따라 지상주차에 있어서 소형 및 대형의 비율을 3:7로 보정하여 산정하고자 한다. 옥외 주차장 적정 소요면적 : 2,909.6평(9,618.7㎡)이다.

적정 부지 면적 추정은 여기서 제안하는 사업부지면적은 경사도가 3% 이하의 가용부지면적을 의미하고 또한 관계법령에 의해 물류센터가 입지할 수 있는 지역은 일부 주거 및 준주거지역과 상업지역·일부 공업지역 및 일부 녹지지역에 한하여 설립 가능하고 혹은 여타 지역에 지구단위계획수립에 의한 건립방안도 있으나 사업기간이 상당부분 길어질 우려가 있다.

A지역 물류센터는 건축법상 용도는 판매 및 영업시설로서 녹지지역에 건설될 경우 건폐율은 20% 이하이고 용적률은 50% 이하로 규정하고 있고 이러한 제반 조건을 검토하여 적정규모의 소요 부지면적을 산정하고자 한다.

적정부지면적 산정방법은 최소 대지면적은 다음의 각 부분을 수용 가능하여야 하고 수용기능 및 시설 : 물류센터 + 부대시설 + 옥외판매장 + 주차장 및 도로 + 조경시설 및 수용기능 및 시설의 소요면적 산정은 물류센터 건축면적(시설연면적의 95% 적용) : 1,624.5평이고 옥외 경매장 면적(비 가리개 시설) : 100평이며, 주차장 면적 : 2,909.6평, 단지 내 도로면적(주차장 면적의 15%) : 436.44평 및 조경면적(법적 설치대상은 아니나 쾌적한 시설환경을 조성을 위하여 조경확보가 필요함) : 1,500평이다.

상기 시설들의 합계에 의해 최소 부지면적은 6,570평이면 가능하나 녹지지역에 입지할 경우를 대비한 검토가 필요하고 유통센터가 녹지지역에 입지할 경우 최소 사업부지 면적 검토하며 상기 물류센터 건축면적과 옥외판매장 건축면적의 합계의 20%로서 1,724.5평 / 최대 건폐율 20% = 8,622.5평(최소 부지면적임)이고 물류센터가 경사도 3%이하의 녹지지역에 입지할 경우 최소 부지면적은 8,623평 이상 필요한 것으로 산출되었고, 이때 최대 시설 연면적은 3,000평을 초과할 수 없다.

2013년 물류센터 사업영역 확장과 이에 대한 부지 수요를 감안할 때 최소한 10,000평 규모의 부지면적을 확보하는 것이 바람직할 것으로 판단된다.

(2) 투자타당성 분석

투자사업의 평가 또는 타당성 분석은 사업시행으로 인하여 발생하는 편익과 비용을 비교함으로써 당해 사업의 경제적 수익성 내지 투자효율을 판정하는데 그 목적이 있고 투자타당성 분석은 경제분석과 재무분석으로 구분할 수 있다. 경제분석은 국민경제 또는 지역경제 차원에서의 거시적 편익 및 비용을 분석하는 것이며, 재무분석은 투자주체 또는 운영주체 차원에서의 미시적 투자수익성 분석으로 투자자본에 대한 재무적 수익률을 계측하는 것이다.

A지역 농산물 물류센터의 지역경제적 편익은 공동선별에 의한 브랜드화 및 규격품 출하, 규모화에 의한 시장교섭력 증대, 수출확대로 외화획득 및 국내출하물량 조절에 의한 가격안정 도모, 포장·물류·바이어유치에 따른 숙박업 등 연관 산업 확대에 의한 소득·고용 창출 등 정(正)의 외부효과가 기대되고 부(負)의 외부효과를 가져올 요인은 적을 것으로 판단되므로 구체적인 경제성분석은 생략하기로 하고, 여기서는 사업주체의 재무분석에 국한하기로 한다.

가정은 A지역 농산물 물류센터 건설사업의 타당성 분석을 위한 기본 가정은 다음과 같다. 사업 개시년도는 2008년, 목표연도는 2013년이고 현금흐름분석에 있어 감가상각비와 이자비용은 분석에서 제외되며 투자된 시설의 내구연한은 40년으로 가정하고, 운영주체의 초기투자시설의 내구연한은 20년으로 가정한다. 또한 분석의 기준단가는 다음과 같이 적용하고 채소류사업은 2004년 가락동 도매시장의 품목별 총 거래금액을 총거래량으로 나누어 도출한 연평균 가격을 적용하며, 화훼사업은 2004년 화훼공판장의 품목별 연평균 가격을 적용한다. 그리고 운영주체의 운영비는 기존 농산물종합유통센터의 평균 비용구조를 적용한다.

- 목표연도인 2013년 이후의 편익과 비용은 고정적
- 융자금의 상환은 연 5%의 이자에 7년 균등분할상환으로 가정
- 시장 할인율은 6%를 적용

- A지역의 부지구입비 10억 원은 분석대상에서 제외
- 부지는 사업종료 후 A지역 소유로 귀속되므로 현금흐름분석에서 제외

투자소요액 및 사업자에 대해서는 물류센터건립에 소요되는 총 투자액은 부지매입비 10억 원, 공사비 58억 원, 장비구입비 등 기타 13억원 등 총 81억 원으로 추정되며, 부지구입비 10억 원은 A지역이 자체 부담하는 것으로 하고 총사업비 81억 원 중 부지구입비를 제외한 사업비 71억 원에 대한 국고, 지방비 보조는 사업주체가 A지역이므로 국고보조 35억(50%), 도비 18억(25%), 군 자부담 18억(25%)이다.

목표 취급물량 설정은 물류센터의 2013년 채소류 취급물량은 총 19,000톤으로 그 중 마늘, 생강, 엽채류의 상품화 물량은 약 78%인 14,900톤으로 가정하였다. 나머지 22% 고추, 일부채소류 물량은 판매대행사업의 형태로 추진하는 것으로 가정하였다.

물류센터의 2013년 화훼류 취급물량은 총 28,486톤으로 모두 상품화사업 형태로 추진하는 것으로 가정하였고, A지역 농산물 물류센터의 수익은 판매사업 수수료수준과 상품화사업 수수료수준에 의해 결정되는데, A지역의 수익인 임대수수료는 운영주체의 당해 연도 매출액의 5.0%로 가정하였고, 운영주체의 판매사업 수수료는 4.0%, 상품화사업 수수료는 4.5%, 화훼사업의 수수료는 3.0%로 가정하여 분석한다.

물류센터 운영활성화 방안으로 생산자 조직과 연계강화이다.

거래품목의 다양화를 통해서 취급품목을 다양화함으로써 시설의 가동 일수를 높이고, 수익성을 향상시켜 물류센터의 경영의 안정화를 도모하고, 사업 초기에는 화훼류 위주로 사업을 운영하며 점차 채소류 등 품목을 확대해 나감으로서 중장기적으로는 품목의 다양화와 충분한 물량 확보를 위해 인근지역의 물량도 최대한 흡수·확보한다. 그리고 종합물류기능을 통한 다양한 구색을 확보함으로써 유통업체와의 연계성 강화하여 대도시 도매시장 및 대형유통업체와의 안정적 거래를 위한 물량확보, 종합물류 기능 필요하다.

구색과 물량 충족을 위해 농산물 매취 또는 인근 유통센터와의 지역별 협의회 구성으로 농산물 상호교환 및 거래교섭력 강화하여 생산자물류센터·소비지유통업체간 계열화를 통해 공동선별, 표준규격화의 효과적 추진하며 물류센터를 통한 공동선별, 표준규격화, 브랜드화로 상품성 제고하고 소비지 유통업체와 포장규격, 등급, 물량 및 가격에 대한 전속거래 계약 체결한다.

구매선의 다양화를 위해서는 우수한 품질의 다양하고 충분한 물량을 확보하기 위해서는 안정적이고 고정적인 출하선 확보가 중요하고 주요 품목별 주산단지 중심의 작목반, 영농조합법인, 지역농협 등 출하전담 조직을 확보하고 작목반, 영농조합법인, 지역농협과 생산·공급계약 및 출하 약정하여 품목별 공동출하·공동선별·공동계산의

정착으로 산지유통개선의 기반을 구축한다.

이를 위해서는 다음과 같다.

- 품종선택, 농자재구매, 재배기술 보급 등 공동생산기반 구축
- 공동선별, 공동브랜드화로 상품성 제고
- 공동 출하, 보관, 수송 등 유통비 절감
- 자조금 등 조성으로 위험분산

계약재배와 매취를 통한 안정적 물량 확보를 위해서는 계약재배, 매취사업, 수탁비율을 적절하게 유지와 초기단계는 수탁판매방식의 판매대행 업무 수행, 관련 서비스 등을 통해 사업에 대한 신뢰성 획득 및 매취사업을 단계적으로 확대·추진함으로써 사업기반 정착을 해야 한다.

다양한 출하처 확보와 적극적인 판로개척을 위해서는 성출하기의 수급조절 및 가격안정을 위해 대량물량을 처리할 수 있는 전국 법정도매시장과의 연계체계 구축이 필요하며 또한 물류센터와 민간대형유통업체에 대한 적극적인 판매전략 수립해야 한다. 예약상대거래, 샘플거래 및 소분포장, 세척시설 등도 구비해야 한다.

공판장과 소비지 회원농협의 슈퍼마켓, 직판장 등에 지속적인 공급망 확충을 위해서는 다음과 같은 것이 필요하다.

- 군납 및 단체급식 등 정기적 조달체계 연계 강화
- 일본을 비롯한 동남아 및 미주 등 안정적이고 지속적인 수출활로 개척
- 전자상거래 및 우편판매 수행
- 농산물 가공공장 등에 저급품 및 등외품에 대한 처리물량 체계 확립
- 대량소비처 유통담당자를 생산현장 견학초청 등 거래처와의 유대강화

상품성 제고를 위해서는 브랜드화를 추진해야 한다. 이는 물류센터 중심의 단일 브랜드화 추진과 상품 이미지 및 인지도와 신뢰도 제고 및 안정적인 판로 확보 및 가격형성의 유리성이며 회원 간 결속력 강화이다.

표준규격화를 위해서는 선별등급 통일과 취급농산물의 품목별 등급통일 유도 및 농산물 선별기계의 품목별 등급구분 통일, 물류센터의 포장상품에 대해 표준규격품 지정 및 자율검사 강화하고 농산물 표준규격화, 유통시설을 갖춘 생산자단체에 자율검사 기능 부여한다.

검사합격 농산물에 한하여 표준규격품과 품질보증 표시하며 물류센터 농산물에 대

한 품질인증제도 활성화하여 물류센터 농산물 상표는 반드시 상표 및 의장등록 필요하며 가공 및 저장기술 수준제고와 품질향상이 요구된다.

예냉처리와 저온유통체계로 상품성 유지와 저온저장고의 관리 및 수리기술자 보유를 통해서 수행해야 한다.

포장개선을 위해서는 포장 기능에서 다음이 필요하다.

- 상품의 가치와 상태를 보호
- 상표부착과 원산지 표시로 상품의 성가와 이미지 부각
- 포장표준화로 물류 일관작업화를 통한 비용 절감
- 소포장 및 브랜드화로 소비자 구매 관습 부응
- 소포장과 고유 브랜드 부착으로 상품 홍보효과
- 무게와 가격에 따라 소포장화
- 농산물의 대소포장 가능성
- 낱포장 또는 단위포장, 속포장 및 겉포장으로 구분
- 노동력 확보의 어려움으로 생산농가 단위에서의 등급포장의 어려움
- 최종 소비자를 위한 소포장화 필요
- 포장단위의 조정
- 현행 무게중심 단위에서 무게와 개수, 소포장 단위무게와 개수 등 방향으로 개선
- 포장재 및 거래단위 개선
- 현재의 농산물 표준거래단위 포장재의 다양성 확보
- 겉포장 치수도 파렛트 운송을 고려하여 통일
- 현행 표준 거래단위의 농산물별 거래단위를 다양화하여 품목별로 소포장 거래단위랑 확내
- 포장재 표기 개선
- 품목특성에 적합한 표준거래단위를 설정
- 기준중량에 대해 오차범위를 두어 개수중심의 신축성을 부여

물류시스템 구축을 구축하기 위해서는 수·배송업무 구축이 필요하다.

수송은 물류 효율화를 위해 팔렛트화에 의한 단위화물적재시스템화(ULS)의 도입이

필수적이며 부류별·품목별 상품특성에 따른 포장재 및 포장용기의 다양화이다. 또한 컨테이너박스, 벌크콘백, 플라스틱용기, 출하용 골판지박스 등으로 상품의 품질유지 및 효율적인 수송을 위한 수배송 차량의 현대화를 추진하고 배송은 품목, 물량, 거리 등에 따라 직접배송 또는 위탁배송 등 배송의 운영 효율성을 제고할 수 있는 방법 선정이다.

하역업무는 하역은 일반적으로 ULS원칙, 기계화원칙, 기계의 일관성, 하역시설의 표준화 및 연동성의 원칙이 이루어져야 효율적이며 상품특성에 따른 하역기계 및 시설의 합리적 연계가 필요하다. 또한 하역방법은 하역인원의 직접고용, 전문회사와 용역계약, 거래당사자와의 자율적 작업 등이 있다.

물류센터의 경우 지역적 특성, 취급 상품의 종류, 취급물량 등을 고려할 때 하역인원의 직접고용이 유리할 것으로 판단하며 보관·저장업무에 따라 보관 및 저장은 상품의 특성에 따라 보관·저장의 방법, 형태, 방식의 적정화가 중요한다.

- 파렛트 단위 대량 거래단위 품목의 경우는 유통센터 내 별도구역을 설정(파렛트랙)하여 보관
- 현장 판매품목의 경우는 박스랙을 설치하여 보관
- 임시대기품목은 평지보관
- 선도유지품목은 부류별 적정온도 유지가 가능한 저온저장고 보관

정보시스템 구축은 상품의 판매시점에 상품에 관한 모든 정보를 수집, 집계, 분석함으로써 발주, 구입, 배송, 재고관리 등에 필요한 정보를 제공하여 상품의 수주에서 반품까지 물류흐름의 효율화를 위해 POS(Point of Sale System) 도입이 필요하며, 상품의 온라인 수발주 시스템 도입에 의한 업무간소화 및 경영합리화, 경쟁력 향상을 위해 EOS(Electronic Ordering System)의 구축이 필요하다.

컴퓨터와 통신, 정보처리와 통신의 복합 서비스로 종합유통센터와 구매자 간의 컴퓨터 전송에 의한 정보교환을 가능하게 하는 정보통신으로 VAN(Value Added Network System) 구축이 필요하고 물류센터와 거래처 즉, 출하단체, 물류센터, 도매시장 간에 컴퓨터로 교환되는 전자문서 교환시스템(EDI System)으로 전자상거래를 확립함으로써 정보시스템의 효율화를 기한다.

경영 혁신은 위해서는 이윤 극대화를 추구하는 기업체적 경영관점에서 접근이 필요하다.

- 소비자 지향적 사고방식
- 전국적 수급상황 파악과 취급물량 확보 또는 조절계획 수립

- 출하처 개척과 다양화를 통한 경영 안정화
- 조합원 또는 회원의 결속력 강화
- 생산자에게 다양한 서비스 제공과 인간적 유대관계 강화

따라서 판매사업과 연계 또는 통합하여 사업별 기능 및 역할분담 방식으로 운영을 통한 판매사업 담당직원은 출하 전문 경영인, 물류센터 담당직원은 물량확보 및 상품성 제고에 전력을 통해서 책임경영체제 구축 및 인센티브제와 연계를 수행하고 물류센터 경영의 계획과 전망을 자율적으로 수립·조절할 수 있는 책임경영체제 구축을 통한 사업수익성 향상과 종합적 경영수지 흑자 시에는 수익의 일부를 인센티브로 제공하며 사업수익성 저하, 종합적 경영수지 적자 시에는 부실경영에 대한 경영자, 담당자 연대 문책이 필요하다. 이를 통해 물류센터 종사직원의 전문성 강화와 기술 및 유통 전문인력 고정배치 및 성과급제 도입으로 적극적 업무추진 동기 부여하고 경영 및 기술컨설팅팀을 수시 활용한다.

(3) 산지 유통 개선

물류센터의 운영 효율화는 물류센터 자체만의 노력으로는 이룰 수 없다. 물류의 첫 출발점은 산지의 농산물 출하에서 비롯된다. 따라서 산지에서부터 물류센터에 필요한 농산물이 공급되어야 한다. 물류센터에서 예약수의거래와 가격결정이 원활히 이루어지기 위해서는 산지에서부터 상품을 선별, 등급하여 규격화된 포장으로 출하되어야 한다. 농산물의 표준규격 출하를 촉진하기 위해서는 첫째, 개별출하보다는 공동출하를 통해 출하단위를 규모화하고, 공동선별이 이루어져야 한다. 공동출하와 선별 과정에서 상품의 균일성을 유지시키고 규격 포장재의 사용을 증진시킬 수 있다. 이를 통하여 물류센터에서 필요로 하는 대규모의 주문에 효율적으로 대처할 수 있다. 둘째, 정부는 현실적인 표준 규격을 정하여, 생산자 및 유통업자들에게 널리 홍보하고 사용을 장려하기 위한 정책대안들을 제시해야 한다. 표준규격이 정해진 품목에 대해서는 산지의 작목반 단위로 표준규격이나 자체 지도규격을 준수하도록 노력해야 한다. 셋째, 산지의 포장센터를 적극 활용하여 농산물의 상품성을 제고해야 한다. 현재 대부분의 포장센터는 낮은 가동률로 운영에 어려움을 겪고 있다. 포장센터의 가동률을 제고시키기 위해서는 생산을 주년화하고, 포장센터 운영 주체도 매취사업 등 다양한 사업 방식을 통해 물량을 확보해야 한다. 넷째, 물류센터에서의 하역기계화가 효율적으로 진행되기 위해서 파렛트화를 촉진해야 하며, 파렛트에 적합한 포장재의 개발이 필요하다. 물류센터에서는 파렛트로 상품이 수송되고 있으나, 산지에서 운송된 상품이 물류센터에 하역시 이를 일일이 손으로 파렛트에 쌓고 있는 실정이다. 따라서 산지에서부터 파렛트화가 선행되어야 물류센터의 하역 효율을 높일 수 있다. 현재 사용되는 골판

지 상자는 중압에 약해 상자자체가 눌려서 상품의 손상을 초래하는 문제점이 있다. 따라서 파렛트 이용이 용이한 포장자재의 국내 개발이 시급하며, 이에 관한 정책적 지원이 필요하다. 농산물 산지 표준 규격화를 촉진하기 위해서는 생산자의 이해뿐만 아니라 정부의 적극적인 지원과 홍보도 필요하다. 물류센터도 규격화가 된 상품만을 선별 수용함으로서 농산물의 규격화를 촉진시켜야 한다.

(4) 도매물류의 활성화

일반 유통업체로의 판로확보를 통한 도매물류의 활성화 유통시장이 전면 개방되면서 과다한 경쟁이 유발되고 있으며, 할인업체의 등장과 이로 인한 기존 유통체계와의 경쟁 속에 도매의 활성화를 위해서는 농협계통으로의 판매와 동시에 민간유통업체로의 판로확보가 우선되어야 한다. 도매시장과 관행적인 거래를 해오고 있는 민간유통업체와의 거래선을 확보하기 위해서는 장기간의 노력이 필요하며 계속적인 홍보활동과 농협유통 종사인력의 전문성 확보를 통하여 신뢰감을 구축해 나가야 하겠다. 민간유통업체뿐 아니라 캐더링 업체와의 거래도 확대시켜야 한다. 외식산업의 발전에 따라 식자재 수요가 증가하는 형태이다. 이에 농협 캐더링을 통한 홍보와 신선한 농산물의 일괄 공급체계를 통하여 다양한 품질의 농산물을 산지에서 조달하고 농협 가공제품 등의 구색을 넓히는 등의 지원을 강화하여 식자재 공급의 거래를 확대시켜야 한다.

판로를 확대하는데 있어서, 물류센터가 직판을 함으로써 민간유통업체와 경쟁관계가 된다는 점이 장애요인이다. 현실적으로 직판을 하지 않고는 물류센터를 운영하기 힘든 점과 물류센터가 일반 유통업체와 경쟁상대가 아니라 상호 보완적인 관계임을 강조해야 할 것이다.

(5) 전문인력의 확보

전문인력의 확보는 물류센터뿐만 아니라 물류의 시작단계인 산지 유통에서부터 이루어져야한다. 농산물의 상품화와 규격화를 촉진하고, 산지 유통시설의 활용도를 높이기 위해서도 전문인력의 확보가 선행되어야 한다. 농협이나 축협 등의 생산자단체뿐 만 아니라, 포장센터, RPC 등 산지 유통시설의 운영을 맡고 있는 인력의 전문화가 필요하다. 산지 농협의 경우 경제사업과 신용사업의 병행으로 경제사업에 전문화된 인력을 활용하지 못하고 있다. 경제사업을 담당한 직원들도 계통출하 실적에만 관심이 있을 뿐, 산지 농산물 유통을 개선하기 위한 노력이 미흡한 실정이다. 따라서 산지에서 농산물의 선별 및 등급화에 필요한 인력을 물류센터와 농협차원에서 공동으로 육성하고 외부 유통인력의 적극적인 영입을 통해 농산물의 상품화 제고에 노력해야 한다. 산지농협뿐만 아니라 물류센터도 전문인력의 확보가 이루어져야 한다. 물류센터와 산지간의 연계성이 강화되어야만 물류센터가 지속적으로 발전할 수 있을 것이다. 산지의 경우 경제사업과 신용사업이 아직까지 미분리된 곳도 있으며, 산지유통시설을 제대로 활용할만한 인력이 모자라는 형태이다. 산지부터의 공동출하와 공동선별은 이러한 문제가 해결될 때 제 기능을 할 수 있다. 2002년까지 220개소의 산지유통센터(포장센터)가 건립될 예정에 있는데 이러한 포장센터가 제 역할을 다하기 위해서는 시설을 100% 활용할 수 있는 유통전문인력이 요구되는 것이다.

물류센터에서도 산지유통과 연계할 수 있는 전문인력의 수급계획이 필요하다. 물류센터내 잦은 부서이동과 계약직 사원으로 인한 운영의 비효율성을 줄이고, 구매부서의 책임경영체제를 실현해야 한다. 이러한 책임경영체제를 위하여 물류센터는 품목별 전문가를 양성해야 하며, 전문가를 육성하기 위해서는 농협유통대학의 적극적 활용과 대학과 연계한 인력양성도 병행하여 조달해야 할 것이다. 농협유통의 유통종사인력에게 책임경영체제의 인센티브를 통한 효율적인 능력 평가를 실시하여야 하며, 민간유통업체의 구매전문가를 채용하는 방안도 모색할 필요가 있다.

(6) 운영방식의 개선

① 거래방식의 개선

도매시장과 달리 자체 책임으로 가격을 결정하고 물량을 취급하는 사업특성으로 인해 물류센터는 상당한 위험부담의 감수가 불가피하다. 이러한 물류센터의 사업 위험을 최소화하기 위해서는 거래방식과 조건의 다양화가 필요하다. 위탁거래, 매취거래, 예약수의거래 등의 거래 방식을 적절히 배분하여 수익원을 다양화함으로써 사업위험을 분산해야 할 것이다.

위탁거래를 통해서는 수수료의 수입으로 안정적인 수익원을 확보할 수 있다. 매취거래를 통해서는 사업물량 확보 기능을 제고하는 동시에 매매차익의 기회를 얻을 수 있다. 그리고 계약거래로 생산자와 물류센터 모두 만족할 수 있는 협상가격을 도출하여 위험을 분산해야 한다. 그리고 거래 업체에 대한 신용도, 거래비중 등을 감안하여 대금 정산조건이나 가격 책정을 다양화하여 물류센터의 거래 물량을 늘릴 수 있도록 해야 한다. 가락시장 상인들의 경우 일반 업체의 세일용 행사 가격에 맞추어 농산물을 배달해 주는 등 유통업체의 욕구에 맞는 상품을 공급시켜주고 있다. 따라서 물류센터도 자체 상품을 개발함은 물론 일반 업체의 대금결제 기일을 늘려주거나, 일반 업체들이 요구하는 가격이 나 품질에 맞는 상품을 공급해주는 등 다양한 서비스를 개발해야 한다.

② 기준가격제(Formula Pricing)의 도입

현재 개장, 운영되고 있는 창동이나 양재의 경우 가락동 도매시장 가격을 참고로 가격을 결정하고 있다. 이는 도매시장의 가격이 물류센터의 가격결정에 큰 영향을 미치고 있다는 증거이기도 하다. 이를 이용하면 가격결정의 방법으로 기준가격제(Formlar Pricing)를 도입할 수 있다. 기준가격제란 어떠한 기준가격(Base Price)을 정해놓고 상품의 품질에 따라 차등을 주어 프리미엄을 기준가격에 얹어 주거나, 기준 이하의 상품에 대해서는 기준가격에 할인된 가격을 결정하는 것이다. 기준가격제가 도입되면 다음과 같은 장점을 기대할 수 있다.

첫째, 기준가격과 프리미엄이 명시되어 있으므로, 가격 결정이 정확하고 거래의 투명성을 제고할 수 있다.

둘째, 생산자는 상품의 품질에 따라 제 값을 받을 수 있기 때문에, 가격결정에서 발생할 수 있는 생산자의 불만이 줄어들게 된다.

셋째, 가격이 생산자에게 용이하게 전달됨으로써 시장정보의 흐름이 더 원활하게 이루어질 수 있게 된다.

넷째, 생산자는 자신의 상품에 대한 가격을 미리 알 수 있게 되어 경영의 불확실성을 줄일 수 있고, 생산물의 품질 향상에 노력하게 된다.

그러나 기준가격제를 위해서는 기준가격과 프리미엄의 결정이 선행되어야 한다. 어떠한 가격을 기준가격을 할 것인가에 대해서 논란이 있을 수 있고 프리미엄이나 할인액은 어느 정도로 할 것인지도 문제가 될 수 있다. 이외에도 기준 가격제가 도입되기 위해서는 상품의 표준화, 등급화가 선행되어야 한다. 상품의 품질에 따라 가격이 책정되는 것이므로 상품의 표준화나 등급화가 우선 시 되지 않으면 전혀 가격결정이 이루어 질 수 없다.

새로운 가격 결정 방식에 대해 생산자나 물류센터 관련 운영주체에게 널리 이해시키고 홍보하는 노력도 필요하다. 그리고 기준가격으로 현 여건상 가락도매시장의 경락가격을 이용할 수 있을 것이다. 상품에 따른 가격 차별정도는 기존의 상품 등급에 따른 가격책정을 참고로 정해질 수 있을 것이다.

(7) 물류센터 간 연계 강화

① 지역 물류센터 간 연계

물류사업의 효율성을 제고하고 각 물류센터가 지닌 특성을 상호 이용·보완하기 위해서는 물류센터간의 연계가 이루어져야 한다. 물류센터가 기존의 창고와 구분되는 이유는 그것이 단순한 보관기능만을 하는 것이 아니라, 수송, 포장 등 다른 물류기능과 연계되어 종합적인 물류활동이 이루어지는 중심이기 때문이다.

특히, 다량의 구매력을 이용한 가격 주도의 농산물 유통혁신을 도모하고, 물류센터 내의 상품구색을 맞추기 위한 물류센터 간 상호이용과 통합구매를 위해서도 물류센터 간의 통합이 고려되어야 한다. 이를 위해서는 통합적인 물류정보전산망과 운영형태가 정립되어야 할 것이다.

군위의 경우, 소비지와는 거리가 먼 곳에 위치하여 도매의 기능을 주로 하고자 하나, 이를 위해서는 다른 물류센터의 지원과 연계가 있어야 가능하다. 물자조달뿐만 아니라 소매기능을 해주는 타 물류센터가 있어서 전체 물류센터를 통한 농산물 유통을 원활하게 흐르도록 해야 한다.

수·발주의 경우 농협은 단위농협과의 연관성이 높고 산지의 상황을 잘 알기 때문에 농협이 주도적으로 운영하지 않는 물류센터에도 협력을 강화해야 한다. 전산시스템망의 전국적 구축은 물류센터 간 연계를 강화해 줄 것이다. 이 경우 가격결정 체계에 있어서도 혁신을 기대할 수 있을 것이다.

물류센터의 운영주체가 상이함으로 발생할 수 있는 문제점들이 공통적인 표준화, 전산시스템망의 구축 등으로 해결해 나갈 수 있는 것이다. 표준화·규격화가 가능해지면 농산물을 대량으로 신속하게 유통시킬 수 있으며, 농산물도 공산품처럼 코드화가 가능하게 되어, 물류비용을 절감하게 됨은 물론 유통정보의 수집과 분산의 효율성이 높아지고, 구매자들에게도 신뢰성을 줄 수 있다.

물류사업의 효율성을 제고하기 위해서는 초기부터 통합적인 전산망과 운영계획이 필요하다. 즉, 생산자단체 간 의사결정체계(농협과 수협), 지자체, 생산자단체, 민간업체와의 관계 등 물류센터의 운영주체 간 긴밀하고 신속한 의사결정 체계를 수립해야 한다.

그러나 현재 추진되고 있는 물류센터들은 서로간의 물류정보망 체계 구축 없이 독자적으로 운영될 계획으로 있어, 후발 물류센터가 들어설 경우 물류센터 간 경합이 치열할 것으로 예상된다. 특히 서울·수도권과 충청권의 경합이 심할 것으로 보인다. 따라서 정부가 지역별 운영모델 구축을 할 수 있도록 지원해 주어야 한다. 또한 물류센터간 기능조정 및 협조체계 구축이 요구되며, 동일지역 물류센터 간 협조체계 시스템을 통한 공동산지개발·선정, 도매판로를 확보한다면 상호 이익을 증대시킬 것이다.

② 공동물류센터의 활용화 방안

일반 물류센터의 경우 동일업종 또는 타 업종과의 공동 수·배송 등 물류공동화를 고려하지 않는 업체가 78.3%에 이른다. 이에 따라 자사 위주의 수·배송으로 배송 회수 증가 및 비효율적인 화물 적재가 발생하고 있다. 이에 반해 농산물 물류센터는 생산자단체(농협)와 지자체 위주로 운영되기 때문에 수·배송의 공동가 일반업체에 비해 상대적으로 용이할 수 있다.

일반적으로 공동물류센터의 효과는 다음과 같다.

첫째, 공동수송을 함으로써, 적재효율이 좋아지고, 수송비용을 절감할 수 있다.

둘째, 파렛트 등 크기나 구조를 통일함으로써 공동물류센터 간에 이를 공동으로 사용하고 보관과 수송을 공유화할 수 있다.

셋째, 공동물류센터의 네트워크를 구축함으로써 광역물류거점을 확보할 수 있다.

넷째, 공동물류센터를 이용할 경우 정보시스템에 의해 물류센터내의 물자와 정보의 흐름이 일치되어 수주시 고객과 물류센터 및 여타 센터간의 정보교환이 용이해진다.

다섯째, 물류관리의 범세계화로 해외로부터 수입되는 화물의 물류비가 문제점으로 지적되고 있는데, 이는 해외의 물류센터나 국내의 항만 및 공항에 수입물류센터를 공동으로 보유함으로써 해결할 수 있다.

이러한 시설이 마련되면 세관, 통관업자, 은행을 연계한 통관정보시스템(NACCS)을 구축할 수 있어 통관기간이 단축된다. 21세기 정보화시대 도래에 맞추어 향후 농산물도 이런 절차를 거칠 수 있도록 관계당국이나, 물류센터 운영부서에서도 각별한 신경을 써야 한다.

단일의 시설이 아니라 여러 가지 시설들이 상호 유기적이고 종합적으로 집단화되어 화물과 상품이 공급자로부터 수요자까지 이르는 과정에서 발생할 수 있는 모든 공정을 처리할 수 있는 공동물류센터 단지로 장기적으로 설립되거나, 변경하는 방법도 모색해야 한다. 이를 위해서는 명확한 서비스 내용과 표준화, 물류비의 체계화, 외부와 교환 가능한 표준 파렛트의 사용, 업체 통일전표의 채용, 포장 모듈화와 표준화의 추진 등이 선행되어야 한다. 또한 공동배송은 인력난 해소, 적재율 향상은 물론 배송 빈도 향상에 의한 고객 신뢰성 향상과 판매를 확대할 수 있고, 농산물의 경우 신선도를 향상시키고, 재고를 크게 줄일 수 있다. 그리고 제품 교환을 통한 물류공동화도 가능한 바, 이는 멀리 떨어진 곳에 물량을 독자적으로 수송해야 하는 어려움을 판매처와 가까운 물류센터에서 상대방 브랜드로 포장한 제품을 서로 공급해줌으로써 적기 공급과 함께 물류비용을 줄일 수 있다. 공동물류센터의 효율적 추진을 위해서는 각 물류센터 간 정보시스템을 표준화·통일화하여 정보를 교환하고, 다른 매체와도 정보교환이 가능한 전산시스템의 구축이 선행되어야 한다.

(8) 시설 및 생산규모

① 총부지 30,732평에 온실, 부대시설, 주차장 등 보유

온실의 규모는 A, B 2개동에 25,000평(재배면적은 21,160평), 시설형태는 벤로형 유리온실이며 부대시설 규모는 1,089평으로 포장장, 저온저장고 4동, 식당, 회의실, 전기실 등이 위치하고 있으며 시설형태는 철골 판넬조이다.

재배포장은 115개 소구역(Bay, 1Bay=184평)으로 구성되어 있고, 1Bay당 식재가능 본수는 30,000본, 연간 재배 기작수는 3.8회로 연간 생산가능 최대 물량은 약 1,300만 이다.

현재 스프레이국화 20여 품종이 재배되고 있는데, 품종에 따라 개화시기에 차이가 있어 통상 연간 생산량은 약 1,200만 본이다.

(9) 운영실태

① 수출 현황

연간 수출량은 약 1,200백만 본으로 생산량 대부분을 수출하고 있으며 수출화훼 판매는 상장에 의한 경매판매와 고정판매 방법을 병행하고 있으며, 경매 대 상장 비율은 7:3 정도이다.

수출품의 규격화 및 포장화 실태는 2002년부터 신흥 경쟁국과의 시장차별화를 위해 시장 외 대형거래처를 상대로 소포장 가공 납품을 추진하고 있음. 최종 소비자가 바로 구매할 수 있도록 포장단위를 속당 3～5본 세트로 가공하여 납품하고 있다.

또한, 수출규격외품(C등급)의 국내 판매 경우에도 5색 혼합부케로 가공된 꽃을 습식유통 방식에 의해 판매함으로써 소비자에게 양질의 상품을 저렴하게 공급하고 있다. 일본소비자가 구입상품 및 공사 관련 정보를 쉽게 파악할 수 있도록 품종 명을 일본어로 표기하고 포장상자에 공사의 홈페이지 주소를 기재하고 있으며 수출상품 포장상자의 크기를 변경하여 출하시 상품손상을 방지하고 품질 유지 및 비용절감을 도모한다. 포장상자 크기 변경으로 20피트 컨테이너 당 420상자를 적재할 수 있어 본당 1.5원의 운송비를 절감하고 있다.

② 바이어 및 거래업체의 관리

바이어 선정은 국제 신용도, 자본금, 영업능력, 전년도 수익률 등을 기준으로 선정하고 있다. 현재 공사의 거래업체는 일본 업체 3개사, 일본지사, 국내업체 1개사 등 총 5개 업체이고 전국의 150여개 시장에 공급하고 있고, 일본회사는 동경을 중심으로 일본의 관동, 동북, 중부 지역을 담당하고 있으며, 오사카를 중심으로 구주지역까지 전국적인 판매망을 구축하고 있으며 케이오, 조이풀혼다 등 대형 홈센터와 거래하고 있다.

최근 일본의 홈센터, 원예센터 등 대형 화훼전문점의 판매비중이 증가하는 추세에 있기 때문에 이러한 틈새시장을 활용하여 수출확대를 추진하고 있다.

③ 판촉 및 홍보 활동

목표시장 조사는 수출 대상국인 일본의 기본적인 시장동향은 인터넷과 바이어를 통해 수시로 파악하고 있으며, 공사 직원을 파견하여 일본소비자의 소비동향과 상품성 만족도 등을 설문조사 하고 있다. 또한, 우리와 경쟁 관계에 있는 말레이시아, 베트남, 중국 등에 대한 시장조사가 이루어지고 있고, 일본시장에서의 경쟁력 분석이 시도되고 있다.

국내외 화훼박람회 참석이나 각종 화훼 관련 행사에 참여하여 공사의 이미지를 부각시키고 화훼소비 확대를 위한 활동을 수행하고 있고 기존 바이어와의 유대 및 신뢰성 제고로 정보교류의 안정성을 확보하고 있다. 뿐만 아니라 현지 판촉활동을 통한 일본소비동향 파악으로 상품기획을 위한 정보를 획득하고 있다.

2.5 물류창고 인프라 안전관리

2.5.1 물류창고 인프라 안전관리 정의

물류창고 인프라라 함은 물류창고 내에서 화물을 안전하게 하역, 이동, 보관, 분류/피킹 등의 물류활동을 수행하는데 필요한 물류설비, 물류장비, 기반설비, 운영시스템으로 정의할 수 있다.

운영시스템은 물류창고 운영에 있어서 인프라로 구분하였지만, 안전 측면에서는 그 범위 및 대상이 기업마다 상이하여 제외하고자 한다.

물류설비, 물류장비, 기반설비에 대한 안전관리의 목적은 물류창고가 그 기능 및 역할을 원활하게 수행할 수 있도록 유지하는데 있다.

이를 위해서는 물류설비, 물류장비, 기반설비가 고장나거나 파손되지 않도록 보호하는 업무와 정기적으로 부품 및 성능을 유지·관리하는 업무, 그리고 이상이 발생했을 때 즉각적으로 조치 및 대응할 수 있는 절차 및 방안을 수립하는 업무로 구분할 수 있다.

물류창고의 물류활동에 따라 사용되고 있는 대표적인 물류설비에 대한 안전관리를 중심으로 수행하고 있다.

(1) 도크(Dock) 설비

① 위험 요인

지게차 등의 운반 장비가 도크에서 이탈하여 화물이나 장비가 인근 작업자를 덮칠 수 있다. 정차되어 있던 차량이 움직여 차량과 도크 설비가 분리되어 사고가 발생한다. 트레일러나 트럭 등에서 지게차를 이용하여 상하역 작업을 할 때 후진할 경우 시야 확보가 어려워 보행자와 충돌할 수 있다.

[그림 2.29] 도크 설비 재해

(2) 안전 장치

① ICC Bar

도크에 접차되어 있는 차량이 움직여 레벨러와 분리되는 것을 방지하는 ICC Bar는 트레일러나 트럭이 도크에 접근할 때 자동으로 차량의 뒷부분을 잡아주는 장치이다. 상하역 작업 종료 후 제어판에 의해 장치가 해제된다

② 휠 자동 고정장치

휠 자동 고정장치는 차량의 뒷바퀴를 고정하여 상하역 작업 중 차량이 움직이는 것을 방지한다.

[그림 2.30] ICC 바 및 휠 자동 고정장치

③ 고임목

가장 기본적인 차량 고정장치인 고임목은 분실의 우려와 주차장 경사도 등의 환경에 따라 기능이 떨어지고, 단순히 차량 고정 기능만을 가지고 있다는 단점이 있다. 개선된 고임목은 도크도어 옆에 결속되어 있어 분실의 우려가 없으며 신호 장치와 연결되는 센서가 있다.

④ 안전 방벽이 있는 도크레벨러

도크레벨러에 강철 방벽이 있어 차량이 레벨러와 연결되지 않았을 때 지게차가 도크에서 떨어지는 것을 방지한다.

[그림 2.31] 고임목과 도크레벨러의 주변장치

⑤ 신호 장비

신호장비는 도크구역이 넓은 물류창고에서 사용되며 차량이 도크에 접차할 때 도크 접근 신호를 보내고, 자동으로 차량과 레벨러의 결속을 체크하여 지게차 운전자가 차량 내부에 들어가는 것이 안전하다는 신호를 보낸다.

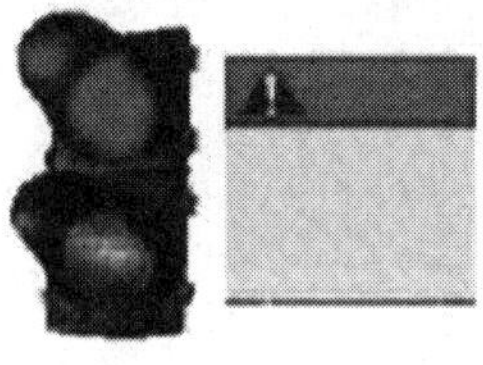

[그림 2.32] 신호장비

⑥ 도크 안전 조명 및 주차선

주차선과 안전 조명은 차량이 도크에 접차하는 경우 차량의 후면으로 도크 범퍼, 씰, 쉘터 등을 파손할 수 있어, 차량이 정차 지역에 안전하게 접차할 수 있도록 안내하는 역할을 한다.

(3) 작업 안전관리

차량운전자는 상하역 작업이 끝나기 전에 차량을 움직이지 않는다. 지게차가 도크에서 이동 시에는 제한 속도를 준수한다. 지게차가 차량 내부에 진입해서 상하역 작업을 할 때는 차량의 최대 중량을 준수하고 지게차가 여의치 않을 경우는 다른 장비(핸드 파렛트 트럭)를 사용한다.

상하역 작업 시 차량의 움직임 방지를 위해 차량 제어기어와 휴대용 받침대를 사용한다. 지게차의 차량 진입작업 시 시야확보를 위해 지게차 전조등을 확인하고 도크 천장등도 함께 활용한다. 지게차 상하역 중에는 차량 내부 출입을 금한다.

(4) 안전유지 준수사항

도크 작업자뿐만 아니라 도크 주변 작업자에 대한 위험요소 인식 및 안전 교육을 실시한다. 도크 바닥의 구덩이, 균열 등의 결함과 도크 설비를 점검한다. 운반차량 통로에 쓰레기, 파편, 불필요한 자재 등을 제거한다. 도크 출입구 가장자리와 램프에 물리적인 장벽을 설치한다. 지게차와 보행자의 충돌 방지를 위해 보행자 통로를 설치한다.

도크구역에 보행길, 작업지역, 보관지역을 표시한다. 차량이 후진하여 지정된 위치에 쉽게 정차하기 위한 주차선을 표시한다. 모든 도크설비(지게차, 도크레벨러, 도크

씰, 도크도어, 도크쉘터, 차량잠금장치, 자동신호장치)의 유지관리는 제조자의 권고에 따른다.

2.5.2 컨베이어

(1) 위험 요인

벨트, 체인, 스크류 등에 작업복이 말려 들어가 신체 협착사고가 발생한다. 컨베이어 수리, 정비 작업 시 다른 작업자의 스위치 오조작으로 작동 사고가 발생한다. 컨베이어의 적재물이 낙하하여 인근 작업자에게 떨어지는 사고가 발생한다.

(2) 안전장치

① 컨베이어 하부 방호울

컨베이어 하부에 임의로 근로자가 출입하지 못하도록 방호울을 설치하고 방호울에는 전원 연동 장치를 설치하여 방호울이 열리면 전원이 차단되도록 설계할 수 있다.

② 비상정지스위치

컨베이어에 피재자나 주변 작업자가 사고발생 즉시 누를 수 있는 비상정지스위치를 설치하여 컨베이어 작동을 중지시킨다.

③ 역주행방지장치

컨베이어 상부의 화물 또는 운반구의 이탈 및 역주행을 방지하는 장치를 설치하여야 한다(무동력 또는 수평상태로만 사용하는 경우는 제외).

(3) 컨베이어 설계 및 제조 관리

화물의 이탈 및 낙하의 우려가 없도록 한다. 삽입되거나 말려들기 등의 위험이 있는 부분과 절단될 우려가 있는 부분을 확인한다. 화물의 하중, 중량 등을 고려하여 강도 및 안전도 검사를 실시한다. 컨베이어 및 부속장치의 동력 전달부분과 벨트의 풀리, 롤러, 체인으로 작업자에게 위험을 미칠 우려가 있는 부분에는 피복 또는 주위 그물장치를 설치한다. 컨베이어 외면의 탈각, 돌기 등 위험 부분을 확인한다.

컨베이어 및 부속장치의 기동 및 정지 스위치는 명확히 표시되고, 쉽게 조작되어야 하며 접촉/진동에 의하여 기동될 우려가 없어야 한다. 컨베이어 및 부속장치에는 급유자가 위험한 가동부분에 접근하지 않고 급유할 수 있도록 급유 장치를 설치한다. 하역을 인력으로 하는 컨베이어에서는 컨베이어의 높이, 너비, 속도 등을 작업을 하는

데 적합하게 한다.

(4) 컨베이어 설치관리

작업자가 컨베이어를 횡단하는 장소에는 높이가 90cm~110cm의 난간을 갖는 건널다리를 설치한다. 점검용 보도는 그 너비를 60cm 이상으로 하고 높이가 90cm~110cm의 난간과 보도면으로부터 높이 3cm 이상의 발판을 갖춘다. 다만, 이 보도 가운데 건설물의 기둥에 접하는 부분에 대하여는 그 너비를 40cm 이상으로 할 수 있다. 컨베이어에는 연속된 비상정지 스위치를 설치하거나 또는 요소마다 비상정지 스위치를 설치한다. 컨베이어의 작동을 라인에 종사하는 작업자에게 알리는 경보장치를 설치한다.

컨베이어 및 부속장치에는 작업자 및 타인이 잘못하여 위험부위에 접근하는 것을 방지하기 위하여 위험의 내용 및 위험 예방수칙을 기재한 안전표지를 설치한다. 컨베이어는 가동부분과 정지부분 또는 다른 물건과의 사이에 작업자에게 위험을 미칠 우려가 있는 틈이 생기지 않도록 설치한다. 작업자가 작업 중 접촉할 우려가 있는 구조물 및 컨베이어의 예각, 돌기물 등은 이를 제거하거나 방호하는 등의 위험방지를 위한 조치를 강구하며, 회전축, 기어, 풀리 등에 부속하는 키, 핀 등은 묻힘형으로 하거나 해당부분에 덮개를 설치하여야 한다.

(5) 컨베이어 운용관리

컨베이어는 설계시의 사용 목적 이외의 용도에 사용하여서는 안 된다. 안전커버 및 안전난간 등은 정비, 점검 시 이외에 개방되어서는 안 된다. 비상정지장치의 작동여부를 확인하고, 비상정지 스위치의 주변에는 장애물을 놓아서는 안 된다. 컨베이어가 과부하되지 않도록 화물의 공급량을 조절해야 한다.

비상정지 또는 사고 정지한 컨베이어의 재 기동을 할 경우 미리 그 정지의 원인 및 고장위치를 확인한다. 컨베이어 작업자, 보수점검을 하는 자, 감독자를 대상으로 재해예방에 필요한 작업 순서, 취급 요령, 보전방법 등에 대한 작업 전 교육을 실시한다. 작업자는 안전상 필요한 조치를 취하는 경우를 제외하고 운전 중인 컨베이어에 근로자를 탑승시켜서는 안된다(근로자를 운반할 수 있는 구조로 위험을 방지할 수 있는 조치를 취한 때에는 제외).

컨베이어의 청소, 급유, 검사, 수리 등 보전작업(이하 보전작업이라 한다)을 하는 경우에 있어 작업자에게 위험을 미칠 우려가 있을 때에는 컨베이어의 운전을 정지하고 컨베이어가 작동하지 않도록 한다. 컨베이어의 보기 쉬운 곳에 다음의 사항을 표시한다.

- 제작자명
- 제작년월일
- 최대적재하중 또는 단위시간당의 운반량
- 운반속도
- 최대견인속도(포터블 벨트 컨베이어에 한함)
- 중량(포터블 벨트 컨베이어에 한함)
- 화물의 종류

(6) 화물승강기

- **위험 요인**

승강기에 화물 과다 적재한 경우와 운반구가 과상승하는 경우에 승강기로프(또는 체인) 파단에 의해 운반구가 낙하하는 재해가 발생할 수 있다. 작업자가 승강기 운반구와 구조물(건물벽, 승강로) 사이에 협착되거나 탑승장 바닥면과의 사이에 협착되는 사고가 발생할 수 있다. 화물용 승강기에 근로자 탑승하여 급상승과 급하강 등의 승강기 작동오류로 인명 재해가 발생한다.

(7) 안전장치

로프(체인) 파단에 의한 운반구 낙하 방지를 위해 다음과 같은 장치가 필요하다. 운반구와 승강기 구조물의 협착 방지를 위해 다음과 같은 장치가 필요하다. 낙하사고, 협착사고 및 기타 사고 발생을 대비하여 다음과 같은 장치가 필요하다.

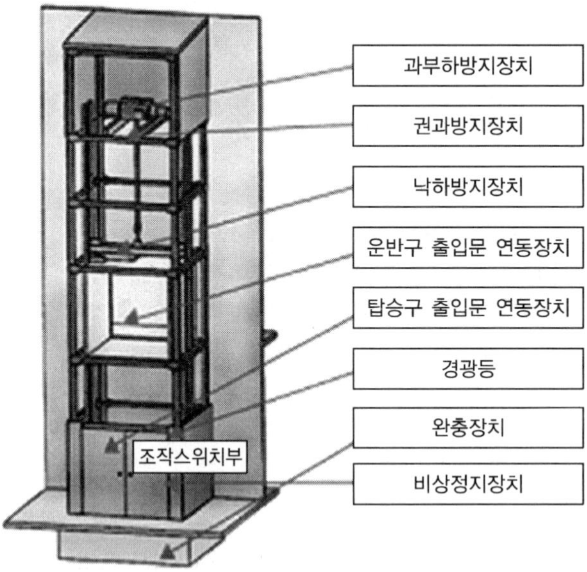

[그림 2.33] 권동식 화물승강기 안전모델

(8) 화물승강기 설계 및 제조 관리

권상기 및 제어기가 설치된 곳에 접근하기 위한 점검구 및 승강로 밖에 설치하는 제어반 또는 기타의 제어장치 점검문의 잠금장치는 양호하여야 한다. 권상기의 도르래는 몸체에 균열이 없어야 하고, 자동정지때 주 로프와의 사이에 심한 미끄러움 및 마모가 없어야 한다. 승강기 문은 최소한 다음과 조건을 충족시켜야한다.

- 적재물의 이탈을 막을 수 있는 수동 접힘 문
- 승강기의 유효출입구 면적의 50% 이상을 막을 수 있는 상·하 개폐형 문
- 승강기 바깥으로 열리지 않는 수동 여닫이문 및 기타 동등한 형태의 문

승강장 문은 운반구가 없는 층에서는 닫혀 있고, 외부에서 열 수 없도록 하는 잠금장치를 설치하여야 한다. 수동으로 여닫는 승강장문의 경우, 운반구가 없는 층에서 문을 열어 추락하는 위험을 방지하기 위하여 경보부저와 조명을 설치하여야 한다.

수동으로 여닫는 승강장문이 있는 경우 추락방지를 위해 다음 기준을 따라서 설치한다. 수동으로 여닫는 승강장문이 있는 경우 문을 열기 전에 운반구의 도착 여부를 확인할 수 있는 장치가 설치되어야 한다. 문이 닫혔을 때 문과 문 또는 문과 문틀의 틈새는 신체의 일부가 끼이지 않도록 설치되어야 한다. 승강로 안쪽으로 열리지 않아야 한다.

승강장 위치표시기의 표시상태는 확인해야 하며 수동으로 여닫는 문이 설치된 경우에는 운반구의 도착여부를 확인할 수 있는 장치가 설치되어야 한다.

(9) 화물승강기 설치관리

권상기 및 제어기가 설치된 곳의 조도는 100Lux 이상, 온도 40℃이하를 유지하여야 한다. 권상기 및 제어기가 설치된 곳에 접근하기 위한 복도·계단 및 출입문 등은 유지·관리상 지장이 없어야 한다. 제동기 라이닝의 접촉상태 및 마모상태, 제동기 스프링 압축상태 등을 확인할 수 있도록 설치되어야 한다. 만약 상태 확인이 불가능하게 설치된 경우에는 110%의 하중을 싣고 하강하는 도중에 운반구를 안전하게 정지할 수 있는지 1년마다 하중시험을 실시하여야 한다.

승강장 문이 2개 이상 설치된 경우 2개 이상의 문이 동시에 열려 통로로 사용되어서는 안 된다. 만일, 2개의 문이 동시에 개방될 때에는 경보버저가 작동하여야 한다. 승강로는 누수가 없이 청결하여야 하고, 실내에 설치되어 외기의 영향을 받지 않는 승강로는 직경 30mm의 구가 통과하지 않아야 한다. 주로프 또는 체인이 이완되는 경우의 안전스위치 작동상태를 확인해야 한다.

용도 또는 승강기 종류, 정격하중의 표시가 보기 쉬운 위치에 있고, 그 기재내용이 적정하여야 한다. 권상장치 명판에 표시된 최대적용하중에서 운반구의 자중을 뺀 정격하중을 운반구 내부 및 외부에 적정하게 표시하여야 한다. 이 경우 정격하중은 유효바닥 면적 1㎡당 250kg이상 이어야 한다. 다음 사항을 승강장에서 잘 보이는 곳에 표시하여야 한다.

이용자수칙은 다음과 같다.

- 비상연락전화번호
- 유지보수업체명
- 진입금지 또는 탑승금지표시 및 추락주의 표시 및 권상장치 명판에 표시된 최대적용하중에서 카의 자중을 제외한 정격하중의 표시

(10) 승강기 운용관리

화물의 적재상태(중앙부분 적재)를 확인한다. 적재하중을 초과하여 운행하지 않는다. 운전 중에 불필요한 스위치 작동을 하지 않는다. 이상 발견시 즉시 담당자에게 연락하여 고장수리 후 운행한다. 운전 전 운반구와 승강로 사이에 이물질의 삽입여부를 확인한다. 출입문 작동 시에는 출입을 금지하며, 출입문 취급요령은 다음과 같다.

- 문을 흔들거나 밀지 않는다.

- 문을 발로 차거나 문에 기대지 않는다.
- 문을 강제로 열지 않는다.

화물 외에 사람이 탑승된 상태에서 운행하지 않는다. 카(운반구) 바닥면과 건물 바닥면 일치 확인 후 운행한다. 작업 후에는 운반구를 최하층에 위치시킨다. 작업 시작 전 점검표에 의한 점검을 철저히 한다. 일일작업 종료 후에는 주전원을 차단한다.

2.5.3 보관랙 안전관리

(1) 위험 요인

부식, 최대 적재량 초과로 인한 랙의 파손과 화물의 적재 불량, 랙의 오결합 등의 이유로 화물이 낙하하여 제품이 손상되거나 인근 작업자를 덮치는 사고가 발생할 수 있다. 랙 충돌 보호장치 미설치로 인해 지게차, 대차 등의 이동 장비가 랙과 충돌하는 사고가 발생할 수 있다.

(2) 보관랙 안전장치

- **충돌 보호 장치**

랙의 하단부에는 지게차와 같은 이동 장비에 의한 작은 충격이나 충돌에 견딜 수 있는 보호 장치를 설치한다.

[그림 2.34] 랙 보호 장치

(3) 보관랙 설계 및 제조 관리

랙의 설치 지시서 및 도면에는 배치, 크기 한계, 허용 형태, 거리, 편심 및 모양이 명시되어야 한다. 기초 플레이트는 콘크리트의 압축 강도와 일치되도록 설계되어야 한다. 이동 선반랙과 스태커 랙 등은 수평 및 수직 하중과 빌딩의 강도로 인해 발생되는 전단 응력에 견딜 수 있는 앵커에 의해 바닥에 고정되어야 한다.

이동 선반 형태의 랙을 제외하고 랙 빔은 연결마다 5kN(500kgf)의 상승력에 견디기 위한 볼트로 조이는 연결 장치를 가져야한다. 이동 랙의 경우 정상 선반 또는 선반들은 5kN(500kgf)의 무게에 견딜 수 있어야 하며 정방 또는 후방의 환치를 제거하기 위해 모든 모서리를 연결시켜야 한다.

지붕에 랙을 연결할 때는 수평이 되게 연결함으로써 지붕 휨이 일어나는 것을 미리 방지해야 한다.

(4) 보관랙 설치 관리

공장 안전 프로그램의 일환으로 랙에는 화물 크기와 그 밖의 중요한 정보를 명시하는 명표를 부착하여야 한다. 랙 밑의 통로나 지역은 이동 차량이 운전되기 전은 물론 랙을 설치하는 동안에도 깨끗이 청소되어야 한다. 화물 주위의 불충분한 여유는 충격으로 인해 랙과 저장된 자재의 파손을 가져 올 수 있기 때문에 적절한 여유를 확보하여야 한다.

랙 앵커링은 모든 경우에 요구되며 높이 대 넓이 비율이 6:1을 초과할 때는 필수적이다. 단, 낮은 랙은 앵커링 없이 설치할 수 있다. 앵커 구멍은 콘크리트 구멍 사이에 균열이 발생하기 때문에 너무 근접해서 뚫지 말아야 한다. 도면과 지시서에 의하지 않는 변경은 제조자의 승인을 받아야하며 변경된 사항은 도면에 기록되어야 한다.

통로 교차 부분에 있는 직립부는 이동 차량과 충돌하기 쉬우므로 눈에 잘 띄는 특수 마킹이나 랙 제조자에 의해 공급되는 방호물을 설치하여야 한다.

(5) 보관랙 운용 관리

랙의 최대 적재 하중과 부피를 고려하여 적재한다. 모든 연결이 적합한 단에 있는지 확인하여 랙의 오결합을 검사한다. 기둥 연결 빔은 설치 지시서에 따라 설치되어야 하며 그 이상 유무를 확인하기 위해 정기적인 검사를 실시한다.

제조자의 최초 설계 도면과 랙의 설치시 최초 배치에 관련하여 통로 폭이 파렛트 화물의 이적재에 필요한 충분한 여유를 갖는지를 확인한다. 새로운 운반 장비를 위해 랙의 위치를 변화시킬 필요가 있으면 이를 행하고 설계도면에 반드시 기재한다.

랙과 장비의 충돌 문제를 최소화하기 위해 통로 보호대를 사용한다. 조임 장비의 검사와 제조자가 규정한 바와 같이 모든 부속물이 랙 구조에 존재하는지를 확인할 수 있는 전문 보전 프로그램을 확보한다.

더러운 통로 및 그 지역의 잡다한 자재 문제를 해결하기 위해서는 정기적인 랙 주위의 순찰 프로그램을 작성하고 이행한다. 파손 랙은 즉시 교체하여야 한다. 기둥이 뒤틀려지거나 꼬여지는 파손이 발생하면 즉 시 랙에 화물을 내리고 파손된 부분을 새로운 기둥으로 대체한다. 랙의 조임과 볼트의 연결은 제조자에 의해 공급된 비틀림 자료에 의해 이루어져야 하며 랙 또는 연결 부위의 느슨함 검사를 수시로 해야 한다.

랙의 정기적 검사를 통해 화물이 랙으로부터 하역될 때 걸려 나오는 포장물을 확인하여 발견 시 바로 수거한다. 운전 장비 결합으로 인한 랙의 파손과 안전 문제를 최소화하기 위해 공식적인 장비 보전 및 검사 프로그램과 운전자 훈련 프로그램을 확보한다. 랙에서의 입고와 파렛트 배치를 쉽게 하고 랙 파손의 감소를 위해 창고 내에 적당한 조명을 유지한다.

2.5.4 창고용량의 안전조건

창고의 각 부위는 크게 나누어 수입 작업장, 보관 작업장, 불출 작업장으로 구분할 수 있다. 여기서 고려해야 할 각 부위의 기능설계는 다음과 같은 사항을 기본적으로 검토해야 하며 이를 기준으로 레이아웃을 통해 공간을 결정한 후 선정되는 설비에 따라 작업면적, 격납부위의 형태 및 통로의 배분 등을 고려하여 결정한다.

(1) 수입 작업장의 기능과 설비

- 차량의 길이, 진입방향, 시간 및 집중도를 고려하여 입문시에 시간이 지체되어 교통 혼잡이 발생하지 않도록 레이아웃 되어야 한다.
- 접안 대수를 위해서는 도크나 플레트 폼의 길이가 문제가 되므로 램프웨이를 붙여 접안길이를 연장시켜야 한다.
- 출하 시에는 컨베이어나 슈트(chute)를 사용하여 도크에서 하역이 가능하며, 입하 시에도 활용할 수 있는 스트레칭 컨베이어가 개발되어 있으므로 이용이 가능하다.
- 접안 시 코드가 유도가 중요하므로 1대씩 교대로 들어와 하역할 수 있도록 이용이 가능하다.
- 플레트 폼에 직접 화차를 붙이는 예가 많지만 미국에서는 한 개의 플레트 폼에 가로로 몇 열씩 발판을 설치하여 화차와 화차 사이를 통하게 하여 하역을 하고 있다.

- 레일 주변을 시내 전차궤도와 같이 포장하여 포크리프트로 하역하거나 언 로더(unloader)나 컨베이어 시스템을 설치하여 노선상의 한 지점에서 1대씩 하역하여 자동화 시스템과 연결할 수도 있다.
- 구내에는 대차를 위한 공간을 확보하고 출입을 위한 호출설비를 준비해 두어야 한다.
- 접안길이를 줄이기 위해서는 화물의 유니트화와 하역설비를 최대한 활용하여야, 수입사무절차를 개선하여야 한다.
- 접안부는 작업장의 개구부가 되므로 비와 바람을 차단하고 웅덩이가 생기지 않도록 하며, 지하도의 경우는 환기시설의 설치도 필요하다.

(2) 운반수단으로부터 하역

화물을 내릴 때도 인력에 의한 구식 하역보다 유니트화의 종류에 따라 하역설비를 결정하여야 한다. 각기 전문 언 로더, 컨베이어, 덤프(dump) 설비, 파이프 계통 및 펌프 등을 사용하여 주로 하역된다.

트럭에 적재할 수 있게 하여 이를 포크리프트 트럭으로 취급하여 하역한다. 이때 트럭 내에 포크리프트가 설치되어 있지 않다면 경사판이라 레벨링(leveling) 등을 이용할 수 있다. 차내 작업을 위해서는 소형 포크리프트 트럭 특히, 풀 프리 리프트(full free lift)등을 이용한다. 그러나 대형 트럭이 아니면 포크리프트 트럭이 들어갈 수 없는 경우에는 파렛트 리프터(pallet lifter)로 하역하거나 컨테이너에 차륜을 붙여 하역할 수 있다.

또한, 파렛트에 트롤리를 달거나 트럭의 바닥에 롤러 컨베이어 또는 체인 컨베이어를 설치하기도 하며, 도크에서 내려와 노면에서 일반 포크리프트 트럭으로 트럭의 양측 면에서 하역하기도 한다. 전용 포크리프트 트럭(container rarrier), 스트레들 캐리어 및 컨테이너 크레인 등을 사용하여 하역하게 된다.

컨베이어를 차내까지 연장시켜 수작업으로 컨베이어에 싣고 운반은 컨베이어 시스템을 가동하여 처리하는 것은 좋다. 이 경우 컨베이어는 다리부착 또는 바퀴부착롤러 컨베이어나 휠 컨베이어 등이 있지만 밧줄이 걸려 있거나 바닥이 평평하지 못한 물건은 만능 휠 컨베이어나 벨트 컨베이어를 사용한다. 물건을 꺼내감에 따라 컨베이어의 앞쪽 부분이 점차 안쪽으로 들어가기 않으면 안 되므로 입화장 내의 고정시설과 연결이 문제가 될 때는 신축식 컨베이어를 차에 붙여 이동식으로 설계하여 이용할 수도 있다.

선박전용 갠트리 크레인을 사용하며, 낱개 물건을 내릴 때는 컨베이어류의 언 로더를 사용한다. 포크리프트 트럭이나 리프터로 처리한다. 대형품, 이형품 및 대중량품은 트레일러·무개화차·선박 등으로 크레인으로 올려서 저장장소로 옮기든지 트레일러로 운반하게 된다.

창고는 공장설비에 비해 변동에 대해 흡수하는 능력이 강하지만 특히, 자동화 창고는 용량에 대한 탄력성이 부족하여 상품, 제품 및 자재의 흐름을 제약하는 경우가 있으므로 용량설계 시 주의할 필요가 있다. 창고의 필요용적은 어느 정도 변동 폭을 가지고 있다.

이러한 변동이 단위기간 내에 흡수가능하면 창고설계용적은 평균용적과 동일하게 볼 수가 있다. 그러나 창고는 제조부문과 같이 시간의 연장이나 교대제 같은 방법으로 변동을 흡수 할 수 없기 때문에 피크 시의 용량에 관심을 두어야 한다.

평균적으로 운용이 가능한 조건은 계획단계에서 창고용량을 제약조건으로 고정시키고 주력부문의 계획을 창고의 용량에 맞추어 조정한다는 전제로 설계된 창고에 국한한다. 그러나 이와 같은 조건은 물류계획의 본질을 상실한 계획으로서 변동이 짧은 기간 동안 존재하면 더욱 어려워진다. 그 이유는 계절변동과 같이 어느 정도 일정한 지속성이 보장되면 영업 창고 등을 이용할 수 있으나, 짧은 경우에는 영업 창고를 임대하기가 어렵고 인력투입에도 제약을 받기 때문이다. 따라서 창고의 이상적인 용량은 장래변동이나 확대성에 대해 탄력성을 가지고, 설비의 주문에 즉각 대응할 수 있는 범위 내에서 결정함으로써 불규칙 변동을 흡수할 수 있도록 하여야 한다.

(3) 장단기예측에 따른 용량 설계

기간적인 재고파악과 월단위의 재고파악이 장기예측의 단계인데 비해 용적 파악, 현상실태용적 및 실용적 분석은 단기예측단계에 속한다. 여기서 사실 대부분의 회사들이 장기예측에서는 재고금액을 파악하는 것이 쉽지 않기 때문에 단기예측에서는 재고금액과 용적과의 관계를 주로 파악하고 있다.

이를 위해서는 화자의 분류, 화자 치수표 작성, 화자별 가격 또는 가격 대 용적상관표 작성, 단기 화자별 구성비율이 예측, 현시전에서 필요한 용적으로 장래를 예측하는 등의 순으로 용량설계를 시도하고 있다.

먼저 물품을 품종으로만 묶지 말고 화물의 형태로 모아 취급, 운반 및 보관상의 특수성에 따라 분석함으로써 이를 용적계산의 기초로 하여야 한다. 화자의 일반적인 항목은 파렛트 형식과 사이즈별, 스키드 형식과 사이즈별, 버켓(bucket)과 트레이(tray)류의 형식과 사이즈별, 분상·입상·괴상의 구분, 가마니와 포대, 캔유 등으로 구분한다. 그 다음에는 물품의 특성에 따라 재분류한다. 즉, 위험물(극약, 인화성 화물, 폭

발물 등), 이손 성, 포장과 적재강도, 선입선출의 필요성, 단위당 비중, 단위당 가격차로 재분류한다.

화자 치수표가 완성되면 장기적으로 판단한 금액예측을 변환할 필요가 있다. 이를 위해서는 먼저 재고조사표를 통한 품종과 물량의 자료가 필요하다. 이러한 경우 재고조사표상의 재고수량은 거의 최소치에 가깝기 때문에 픽 치를 겨냥한 임시재고조사를 시행하는 동시에 계속적으로 유지·기록된 재고기록 파일을 최대한 이용한다. 특히, 계절변동이 심한 제품이나 라이프 사이클이 짧은 자재의 경우에는 근원을 세부적으로 나누고 중량별로 구별하여 상세한 자료를 얻도록 한다.

화자 분류표와 화자 치수표가 작성되면 다음 단계는 파레토 분석에 의해 집약할 수 있다. 이 같은 분석을 통해 다량그룹과 소량그룹으로 분류되고 창고 레이아웃, 운반기기의 선택, 성력화 및 자동화 등의 자료도 작성된다. 이처럼 화자를 향에 따라 중량별로 그룹핑하게 되면 장기예측과 연결작업이 가능해진다.

화자의 품종을 중심으로 유사물품을 그룹화하고 각 그룹마다 물품과 가격을 대응시킨 자료를 그래프에 플로트하면 정의 상관표를 작성할 수 있다. 예를 들어, 이를 공식화하면 : $Y=a+bX$(Y는 용적, a는 고정용적, b는 변동용적, X는 가격)와 같이 표시 할 수 있다.

지금까지의 준비과정에서 단기용적으로의 환산에 또 하나의 어려움은 어떤 화자의 화물이 어떠한 구성 비율로 어떠한 추이를 가지고 있고, 금후에는 어떠한 추이로 갈 것인가를 파악하는 일이다. 이것을 가능하게 하려면 적어도 매월 단위의 재고조사표가 3개년분 정도 있어야 한다. 이 같은 자료는 가능하면 물량단위가 좋지만 금액단위라도 관계없다. 이에 대한 자료를 화자 치수별, 월별 경향동향, 규칙변동 및 불규칙변동 등에 따라 분석한다.

지금까지 방법으로 구해진 현시점에서 필요한 화물의 용량을 창고의 용량(순수보관장소)로 환산하며, 또한 순수보관면적에 비해 상당한 면적을 차지하는 통로면적을 산출한다. 이 같은 자료를 구하기 위해서 창고의 주요 하역기기를 설계하며, 화자별 최대용적 모델을 그 화자에 적합한 운반수단별로 구분하고 통로 점유율과 적재 높이를 고려하여 필요한 용적을 계산한다.

최대, 평균, 최소의 화물용적을 창고의 용적으로 환산한 것이다. 그런데 장기적인 재고는 금액자료로 파악되는 경우가 많기 때문에 장기예측에 따른 용량자료, 가격 대 용적환산 공식일람표, 단기 화자별 구성비율의 예측자료 등을 활용하여 장기 재고금액 예측과 재고회전율 예측자료로 만들어 구체적으로 장래의 최대 필요용적과 최소필요용적을 환산한다. 화자 분류표를 작성하여 이실측자료와 최신 재고조사표를 가지고 화물의 용적을 계산하며, 이것을 유효용적사용율(보관면적)로 나누어 현시점에서의 용적이 파악된다.

참고문헌

1. 곽재식, 임석철, 물류센터 운영평가 모델, 대한산업공학회/한국경영과학회 2000춘계공동학술대회, 2000.
2. 교통개발연구원, 대구종합물류단지 타당성조사 및 기본계획수립, 1995.
3. 김필립, 국내물류센터의 현황 및 발전방향, 한국물류창고업협회, 2008.
4. 김성태, 김태석, 신해웅, 엄재균, 오영택, 유강철, 이강성, 이병섭, 전만술, 홍상태, 물류센터의 건설과 운영, 범한, 2005.
5. 두남, 물류관련법규, 2011.
6. 박귀환, 김웅진, 최신 보관하역론, 두남, 2011.
7. 박명섭, 김선희, 박병인, 제조기업 물류센터 공동화에 관한 연구, 경영학연구 29(1), pp 1-18, 2000.
8. 우재균, 김원연, 최용운, 우리나라 물류정책의 효율화 방안 연구, 한국철도학회 2002년도 춘계학술대회논문집, pp. 86-93, 2002.
9. 전동한, 물류비 절감을 위한 제3자물류 활용 증대 방안에 관한 연구, 경기대학교 박사학위논문, 2008.
10. 조명기, 박현태, A지역 농산물 물류센터 설치 및 운영계획 수립, 한국농촌경제연구원, 2005.
11. 조연민, 물류센터 오더 피킹 문제에서의 오더 배칭 및 라우팅 방법과 연구, 인하대학교 석사학위논문, 2008.
12. 최양부 외, 농산물 산지유통센터의 성격과 기능 정립에 관한 연구, 식품유통연구, 17(3), 한국식품유통학회, 2000. 11.
13. 최영찬·김동환 외, 농산물산지유통센터 종합관리시스템 개발, 서울대학교, 2002. 9.
14. 허길행 외, 농산물 공동출하 유형별 효과분석과 개선방향, 한국농촌경제연구원, 2002.
15. 홍상태, 강경식, 중소유통 공동물류센터 운영방안에 관한 연구, 2004년 안전경영

과학회 추계학술대회, 2004.

16. 황의식 외, 산지유통 혁신전략과 농협의 역할, 한국농촌경제연구원, 2004.

17. Tompkins, J. A., White, J. A., Bozer, Y. A. Frazelle, E. H. Tanchoco, J. M. A., Trevino, J., Facilities Planning, John Wiley and Sons, Inc., New York, 2003

18. Wei, C., Liu, P., Tsai, Y, Resource-constrained project management using enhanced theory of constraint, International Journal of Project Management, 21(7), pp.561-567, 2002.

찾아보기

본 과제(결과물)는 교육과학기술부 · 지식경제부의 출연금으로 수행한 산학협력중심대학육성사업의 연구결과입니다.

This work is financially supported by the Ministry of Education, Science and Technology(MEST), the Ministry of Knowledge Economy(MKE) through the fostering project of HUNIC

정가 12,000원

물류센터 설계 및 운영

2012년 9월 11일 초판 인쇄
2012년 9월 20일 초판 발행

저자와의 협의하에 인지생략

저 자 : 조규성 · 배석태 · 변희준

발행자 : 우명찬 · 송 준
발행처 : 홍릉과학출판사
주 소 : 서울시 강북구 인수동 455-60
142-885
등 록 : 1976년 10월 21일 제5-66호
전 화 : (02) 999-2274~5, 903-7037
팩 스 : (02) 905-6729
e-mail: hongpub@hongpub.co.kr
http://www.hongpub.co.kr
ISBN: 978-89-97570-47-8